KB070788

한국에서 아들을 키우기란??

제1장 엄마의 일기

제2장　아들과의 요모조모

프롤로그

"아이는 부모의 거울이다."

이 책을 써야겠다고 결심을 한 것은 10년도 훨씬 전이다.

학원을 운영하며 많은 아이들을 보고

많은 부모님들을 만나보면서

아이는 부모의 거울임을 절실히 깨달았다.

최소한 내 아들은 누구를 만나더라도

눈살을 찌푸리게 하는

그런 사람으로는 안 자랐으면 하는 마음에서

꼭 책을 쓰고 싶었다.

나는 평범한 엄마이며 아들도 평범해서

이 책에서 많은 정보를 얻을 수는 없을 것이다.

우리 아이가 사춘기가 되었을 때

처음 반항하던 그때를 잊지 못한다.

내가 아들에게 할 말이 있어서 거실로 부르니

아들이 눈을 내리깔고 '말씀하세요!' 하는데

너무나 당황한 나머지

무슨 말을 하려 했는지조차 잊어 버렸다.
그동안 많은 아이들을 지도해 왔고
많은 부모님들을 상담해 왔는데
정작 내 아들이 반항을 하니
머릿속이 하얘지면서 갑자기 멍해졌다.
그 순간
'다른 엄마들은 이럴 때 어떻게 하지?'
하는 생각이 들었던 기억이 있다.
다른 엄마들도 엄마라는 초보운전은
나와 마찬가지기에
다른 아이의 사춘기를 참고삼아
좀 적은 실수를 하길 바라는 마음에서
나의 아들의 사춘기 일상 경험담들을
들려주어야겠다고 생각했다.

교육학자가 적은 책에는 너무나 많은
좋은 정보들이 있지만
평범한 엄마인 내가 그걸 다 읽고 적용할 수는 없었다.
한두 달에 한 번 성당 반 모임에 나갔을 때
몇 년 일찍 키운 선배님들의 조언이
가장 마음에 와 닿았고 도움이 되었다.
그건 그분들이 직접 겪은 경험담이기 때문이리라.
요즘은 한두 명만 키우기 때문에

연습이 없이 실전이어야 하니

더욱더 이웃의 경험담이 필요한데

요즘에는 이웃 간의 교류가 많이 없고,

또 솔직히 자식문제를 오픈하기가 그리 쉽지는 않다.

자식자랑은 말라고 하지 않는가?

게다가 자식의 흠은 더욱 더 오픈하기 쉽지 않다.

오랫동안 책을 쓰기 위해 준비한 것도 아니고

예전에 쓴 일기를 옮긴 책이라

많은 기대는 하지 않았으면 한다.

그럼에도 불구하고 이 책을 쓰는 이유는

예전이나 지금이나 자식을 키우는 데 있어서,

자식을 **든 애**로 키울 것이냐

된 애로 키울 것이냐를

한번쯤 고민해 보길 바라는 마음에서이다.

여기서 된 애라 함은 그냥 평범한 아이를 말하는 거다.

도덕책에서 말하는

거창하고 훌륭한아이를 말하는 것이 아니고,

다른 사람들과 잘 어울리고

다른 사람들에게 피해를 주지 않고

한번쯤 다른 사람을 위해서 아파할 줄 아는

그런 아이를 말한다.

사전적인 의미와는 많이 다르지만

내가 생각하는 된 애는 요 정도다.

대한민국에서 아이를 키우기가 힘들다는 건
오래전부터 나온 얘기다.
예전보다 살기가 더 좋아졌는데
'왜 힘들까?' 하는 생각을 해 보았다.
우리가 자랄 땐 특별한 문화나,
인터넷이나 게임이 많지 않았기 때문에
공부를 해야겠다고 마음만 먹으면 할 수 있었다.
친구랑 놀다가도 집에 오면
놀 게 없어서 공부를 하지 않았던가?
하지만 요즘은 어떤가?
밖에 나가면 아이들을 유혹하는 것이 너무 많다.
노래방, pc방, 핸드폰, 인터넷, 텔레비전 등
우리가 상상도 못했던 것이
마구 쏟아지면서
부모인 우리도 감당 못할 것들이 생겨났다.
부모인 우리가 즐기지 않은 것이기 때문에
옳고 그름을 분간 못하는 것도 많아서
아이들이 한다고 우기면 속수무책이다.
그래서 요즘 아이들은 공부만 하는 것이
참 힘들다.
또래 친구들과 대화를 하려고 하면
인터넷을 봐야 하고 게임도 해야 한다.
시대가 좋아진 만큼

우리 아이들에겐 유혹도 많아진 것이다.

이 유혹들 속에서 공부만 하게 할 수는 없다.

또, 예전에는 교사들이 아이들에게 미치는 영향이 컸지만

요즘은 그렇지도 않아서

그만큼 부모의 역할이 커졌다고 봐야 한다.

예전에는 우리 아이가 좀 부족하면

담임선생님께 부탁드려 조언을 좀 해 달라고도 했지만

요즘은 아이들이 선생님 말씀을 도통 듣지를 않는 시대가 왔다.

교권이 무너지면서 우리 부모님들의 부담이 더 커진 것이다.

예전에는 스승의 그림자도 밟지 않는다고 했는데

아이들과 제일 많은 시간을 함께하는

학교 선생님들의 영향력이 적어졌다는 것이

참 마음 아프다.

부모가 못 해 주는 것 중

선생님이 해 줄 수 있는 것이 참 많은데 말이다.

우리 세대의 사람들은 지금도 생각나는 선생님이

한두 분은 있으며

나에게 어떤 말을 했는지도 생각날 것이다.

그만큼 선생님이 우리에게 미치는 영향은 크다.

내가 학원을 운영했지만

학원에도 훌륭한 선생님이 많다.

하지만 학원은 돈을 내고 배우는 곳이라

너무 잘해 주면 학원 다니게 하려고

잘해 준다고 생각하는 아이들이 많기 때문에
진실한 마음이 왜곡되는 것이 현실이다.
내가 책을 내고자 하는 가장 소박한 이유는
오랜 학원 경영을 통해
엄마들이 모르고 있는 부분을
조금이나마 알려주고 싶어서다.
내가 만약 학원을 운영하지 않았다면
나도 몰랐을 것들이다.
몰라서 못 해준 걸 나중에야 안다면
얼마나 나 자신이 한심하고 속상하겠는가?
많은 학부모와 상담해 주면서
함께 울기도 하고
안타까운 부분들도 참 많았다.

1장은
나의 아들이 제일 예민했던
중학교 때의 내 일기장이다.
내가 그때 일기라도 적지 않았다면
아이에게 폭발을 했을지도 모른다.
사춘기 때 아이들은
'이래도 우리 엄마가 폭발을 안 해?'
하는 것처럼
나를 벼랑 끝으로 밀어 낸다.

'다 때려치워!'란

말이 목구멍까지 오게 만든다.

난 그때마다 안방으로 들어가

잠시 기도를 하였다.

물론 반항하는 아이는 건강한 아이니

'감사합니다.' 하는 이성적인 기도도 같이 했다.

주변의 엄마들이 많이 폭발하여

준비하던 특목고를 포기하는 경우를 많이 봤다.

일기를 쓰면서 나를 되돌아보게 되었고

아이의 입장도 생각하게 되었다.

말은 순간적으로 생각할 틈도 없이 하게 되지만

글은 한 번쯤 생각한 후 쓰게 되니

나 자신과 아이에게 객관적 입장이 된다.

아이가 특별해서 일기를 적은 것도 아니고

공개하는 것도 아니다.

그냥 평범한 우리나라 중학생 아이이기 때문에

내 아이만 겪는 사춘기가 아니고

다른 대다수의 아이들이 겪는

사춘기임을 알려 주고 싶어

리얼하게 적은 그대로 공개하는 것이다.

물론 이 일기는 내 아들도 한 번도 보지 않았기 때문에

아들이 어찌 생각할지

조금은 걱정이 되기도 한다.

하지만 이제 성인이 되었기 때문에
이해하지 않을까 하는 조심스러운 마음을 가져본다.
그리고 내 아들이 아들을 키울 때
이 엄마를 이해하길 기대해 본다.

2장은
아이를 키우면서 겪었던 일상적인 일들을 적었다.
물론 이 글도 지극히 평범한 이야기다.
엄마들은 누구나 내 아이는 특별하다고 생각하면서
자녀를 키운다.
하지만 아이는 그 나이 또래일 때 가장 정상이다.
초등학교 때 중학생다움을 기대하면 안 되고
중학생인데 고등학생다움을 원하면 안 된다.
우리 부모들은 40~50대지만 아직 20~30대같지 않은가?
그땐 다 큰 것처럼 행동하고 싶지만
지나고 나면 쑥스러울 때가 많지 않은가?
우리 아이들도 그런 것을 겪어보길 바란다.
잘못된 것을 옳다고 생각해서 하다가
스스로 잘못되었다고 느끼길 바란다.
부모가 잘못되었다고 말해 주면
더 빠르게 올바른 길로 가지 않겠냐 하는 생각도 하겠지만
아이들 스스로 느끼고 생각하게 만드는 것도
부모의 자녀에 대한 배려다.

생각이 있는 아이로 키워 놓으면

언젠가 아이가 스스로 판단하고 행동한다.

다른 아이의 일상도 내 아이와 같다.

그 일상들 속에서 엄마의 생각만 다를 뿐이다.

기다려주는 엄마와 기다림을 초조해하는 엄마….

제1장

엄마의 일기

아들의 여자 친구

2008년 4월 22일 (화)

사거리에서 눈에 익숙한 사람이 지나간다.
너무 놀라 이름을 부를 뻔 했다.
하지만 잠시 머리를 흔들고 생각을 하니
아는 척을 하면 안 될 것 같다.
그 옆에 여자 친구인 것 같은
아이와 함께 있었기 때문에….
마음을 진정시킨 후 힘들게 반대 방향으로 발을 돌리고
고개는 아들 쪽으로 향한 채 한참을 걸었다.
집에서는 보지 못했던
해맑은 웃음과 다정한 대화를 나누는 모습을 보니
왜 이리 내 마음이 허전한지?
아들의 마음이 다른 곳에 가 있다는 것을
받아들이기가 힘든 걸까?
내일이 수학 중간고사 시험이라
이 엄마는 집 청소 열심히 해놓고
공부할 책을 정리하다가
수학 문제집이 한 권도 없어 아들이 오기 전에

바삐 사러 나왔는데….

내가 집으로 돌아와서 2시간이 지난 뒤에야

아들은 태연히 벨을 눌렀다.

나는 아무 일 없는 듯

아들을 맞고 따듯한 밥을 차려주었다.

밥을 맛있게 먹더니 한숨 자야겠다며 자기 방으로 들어간다.

가슴을 한 번 쓸어내리고 아들 방으로 들어가

다정한 목소리와 따뜻한 손길로 이불을 당겨 주었다.

내 방에 와서 잠시 기도를 하며 내 맘을 다스려본다.

2시간을 실컷 자고 나더니 시험공부를 시작한다.

하지만 한 단원이 끝날 때마다

자체 쉬는 시간을 가지며 인터넷을 본다.

내 마음이 조급해지지만 컴퓨터 앞으로

오렌지를 먹기 좋게 잘라서 갖다 준다.

결국 밤 12시까지 내가 사다 준

수학 문제집은 한 장도 풀지 않았다.

중간고사 첫째 날

2008년 4월 23일 (수)

아들 시험 첫째 날이다.

오늘 절두산 성지에서 강의가 있지만 가지 않았다.

아들이 시험 끝나면 11시면 집에 오기 때문이다.

강의는 오후 1시까지라 집에 오면 2시가 되기에….

성당에 10시 미사만 얼른 갔다가 집으로 바로 왔다.

오늘도 무엇을 맛있게 해 줄까 하는 생각으로 미사를 보았다.

11시 15분이 되자 아이들이 집으로 가는 것이 보였다.

하지만 울 아들은 오지 않는다.

집에 들어와 잠시 앉았다.

다시 문 밖으로 나가보니 이젠 귀가하는 아이들도 없다.

슬슬 화가 난다.

성호경을 긋고 마음을 다스려 본다.

1시가 되었는데도 아들은 오지 않는다.

이제는 화가 나지도 않는다.

한숨만 나온다.

머리가 지끈거린다.

1시 25분이 되어서야

아들은 아무 일 없다는 듯이 나타났다.

"휴" 한숨을 쉬며 마음을 가다듬고

밝은 미소로 아들을 맞았다.

밥을 차려주고 슬슬 눈치를 보고 있는데

컴퓨터 앞에 앉은 아들을 보니

다시 슬슬 화가 난다.

마음을 가다듬고 부드러운 목소리로

"데이트 다 하고 컴퓨터 다 보고 언제 공부할 거예요?"

하니 아들은 얼굴이 굳어졌다.

아차! 싶었다.

하지 말아야 했는데!

교복도 벗지 않은 채 침대로 직행한다.

"몇 시에 깨워 줄까?" 라는 질문에

답도 하지 않는다.

내방으로 와서 다시 성호경을 그었다.

'주님! 어찌 이리 힘듭니까?

당신의 자식이기에 사랑만 듬뿍 주면

되는 줄 알았는데 그것도 아니고….

참 지혜를 저에게 주소서.

또 아이에게 엄마의 사랑을 느끼게 해 주소서.'

머리가 너무 아파 나도 한숨 잤다.

2시간이 지나 아들을 깨웠지만

아들은 전혀 미동도 하지 않았다.

30분이 지나 다시 깨웠다.

또 꿈쩍도 하지 않는다.

내일 시험 과목은

국어, 과학이라 공부할 양이 참 많은데….

학원에 갈 시간이 되어서야

샤워를 천천히 하고

머리에 왁스도 바르고

옷도 한참 고른 뒤

집을 나갔다.

학원 선생님 수고하신다고

커피 좀 사다드리며 잘 부탁드린다고 하고

집으로 왔다.

저녁 준비를 하고 아들을 데리러 갔다.

저녁을 먹더니 다시 컴퓨터 앞에 앉는다.

나도 아무 말 않고 기다린다.

20분이 지나자 안방으로 온다.

다행히 책을 들고 자기 방으로 가지 않음을

고맙게 생각하며 함께 시험공부를 시작한다.

중간고사 둘째 날

2008년 4월 24일 (목)

또 아들이 오지 않는다.
이럴 줄 알았다면 부모교육 첫날인데
갈 걸 후회하며 하염없이 기다린다.
1시 30분이 되어서야 들어오는
아들을 반갑게 맞으며
시험 잘 봤냐는 질문은 뒤로 미루어 놓는다.
조금 있다가 아들 스스로 시험 잘 봤다고 얘기하며
여자 친구의 시험점수까지 얘기해 주었다.
식사 후 2시간 30분 동안 아들이 자는 사이
간식 준비도 하고
아들 학원에 가서 프린트도 받아오고
백화점에 가서 티셔츠 하나 사서
잰걸음으로 집에 왔다.
내일은 영어 한 과목이라 너무 여유를 부리지만
해도 그만인 얘기는 하지 않으리라 다짐하며
가슴을 쓸어내린다.
늦게 귀가한 아빠는

아들이 너무 공부 열심히 한다며
마구마구 칭찬을 한다.
내 속 타는 줄은 까맣게 모르고….
오늘도 무사히 1시까지 공부시키고
잠자리에 들어
성호경을 그으며
하루를 감사하게 생각하자며
다짐한다.

중간고사 셋째 날

2008년 4월 25일 (금)

시험이 끝나는 날이다.
아들도 기쁘겠지만
나도 기쁘다.
수녀님 축일이라고 점심을 함께 하면서
긴 일주일의 스트레스를 잊어버리려 한다.
맛있는 점심을 먹고 기분 좋게 집으로 오니
웬일로 아들이 집에 와 있다.
다른 아이들이 집으로 다 불려 갔나보다.
난 내심 내가 부르지 않아도 자동으로 오는 게
너무 다행이다.
7시쯤 사우나에 간다고 하는데
난 또 강하게 반대는 하지 못하고
"엄마는 사우나는 좀 아닌데." 라고만 했다.
하지만 그 약속도 모두 취소되었는지
아들은 엄마한테 선심이라도 쓰듯
"내가 사우나에 가지 말까?" 하며
나를 슬쩍 본다.

"아들이 안 가면 엄마는 너무 좋지."
했다.
아들은 집에서 게임 삼매경에 빠졌다.
컴퓨터를 쉬는 시간도 없이
눈이 충혈되도록 했다.
난 집에서 하는 거니까
다행이라 생각하며
컴퓨터 앞으로 간식을 챙겨다 주었다.

영어 과외 설득하기

2008년 4월 26일 (토)

아침부터 또 컴퓨터 앞에 앉는 아들을
또 어떻게 설득해야 하나 고민이다.
시험 후 연휴 5일 동안 영어 과외를 하려고
계획을 세워두었는데….
슬슬 눈치만 보다가 얘기를 꺼냈다.
근데, 그 얘기는 지금은 하지 말란다.
선생님께 오늘 답을 주기로 하였는데….
또 머리가 지끈거린다.
오후가 되어 또 말을 슬며시 꺼내 보았지만
들은 척도 하지 않았다.
아빠를 안방으로 불러
자초지종을 얘기하고
설득해 보라고 인수인계를 하고 난 빠졌다.
아빠는 아들 방에 가서 30분이 넘도록 얘기하고
나온 뒤 30분 뒤에 다시 얘기하자고 했단다.

아이고 힘들다….

아빠가 또 들어가서 1시간이 넘도록 얘기한다.
"내일 선생님을 한번 만나 보겠다"는
답을 듣고 나왔다.
난 즐겁게 저녁준비를 했다.
오늘도 또 하나를 넘겼다.

여유로운 일요일

2008년 4월 27일 (일)

온 가족이 구산성지에 가면 참 좋겠다는 생각을 하며
일찍 서둘렀다.
아빠는 흔쾌히 가겠다고 했지만
아들은 들은 척도 안 하니
아빠도 슬며시 뒷걸음질한다.
혼자 성지에 도착하니
부슬부슬 비가 온다.
날씨마저 쌀쌀하다.
야외 미사라 추위에 떨며 보냈지만
마음은 즐겁다.
집에 와서 청소를 하고
3시에 영어 선생님이 오셔서
아들과 만났다.
아들 얼굴이 밝은 표정이라 난 속으로 '휴' 한다.
내일부터 공부를 시작하기로 하고
오늘은 즐겁게 놀겠단다.
또, 하루가 간다….

부드러운 아들

학교에 가지 않아 늦잠을 자도록 두었는데
내가 몸이 조금씩 아파온다.
토요일 접촉사고의 후유증인가?
아들에게 자초지종을 얘기하니
갑자기 아들이 굉장히 부드러워지며 엄마를 걱정한다.
빨래 널기도 도와주고
청소도 도와주고 말도 상냥하게 한다.
영어 과외를 하고 머리를 잘라야 한다며 같이 가잔다.
몸이 아프지만 아들과의 시간을 갖는 게
중요한 거 같아 동행했다.
엄마의 핸드백을 들어달라고 하니
주위의 눈치를 힐끔 보더니 흔쾌히 들어준다.
몸은 아프지만 마음은 즐겁다.
며칠 푹 쉬더니 마음이 한결 가벼워진 것 같다.
아들도 공부에 쫓겨 많이 힘들었나 보다.
원래 부드럽고 착한 아들인데
내가 너무 쪼았나 보다.

아들에게도 여유로운 시간이 필요하다

2008년 4월 29일 (화)

성서공부가 있는 날인데
아들에게는 물리치료 받으러 간다고 하고 나왔다.
아들의 부드러운 위로가 좋아서
거짓말이 나왔나 보다.
사실 몸도 많이 아픈데
성서공부도 약속이라
빠질 수는 없다.
집에 가니 아들이 영어 공부를 하고 있다.
내 몸이 덜 아픈 것 같다.
청소를 하는데 아들이 도와준다.
늘 이러면 얼마나 예쁠까?
아들에게도 시간적 여유가 필요했나 보다.
늘 쫓겨서 학원에 가고
잠마저도 자고 싶은 시간에 못 자는 환경들이
아이를 까칠하게 만드나 보다….

남편 이해하기

2008년 4월 30일 (수)

오늘 교육을 받으러 갔다.
주 내용은
행동하기가 가장 우선시되면
생각하기,
느끼기,
신체반응이 따라온다는 것이다.

기분이 우울할 때 먼저 다른 행동을 하면
생각까지 바뀐다는 거다.
관계를 좋게 하는 행동을 이곳저곳에 붙여 두란다.
존중하기,
경청하기,
수용하기,
믿어주기,
격려하기,
지지하기,
불일치는 협상하기,

이렇게 7가지다.

교육을 받고 난 뒤 실천을 해야 한다.

하지만,

열심히 필기하고 노트를 덮는 순간

금방 잊어버린다.

또, 중요한 것은

부모란 자녀들이 언제라도

부모 곁에서 즐겁게 지내다 갈 수 있어야 한다.

나의 부모님이 생각난다.

언제 방문해도 늘 반겨주시며 편안함을 주신다.

이 점을 감사히 생각해 본 적이 없는 거 같다.

너무나 당연하게 받아들인 거 같다.

남편도 생각하게 된다.

남편은 나처럼 반겨주는

부모님이 없음을 인지 못했다.

갑자기 측은한 생각이 든다.

교육을 끝내고

남편에게도 더 잘해 주어야겠다는 생각을 한다.

경북 김천에 사시는

남편의 외조모님께서

돌아가셨다고 연락이 왔다.

사실 갈까 말까 고민이 된다.

내 몸도 안 좋고 아들 스케줄도 엉망이 될 것 같다.

과감히 남편과 동행하기로 하니 남편도 좋아한다.

오랜만에 셋이서 장거리 여행을 간다.

휴게소에 들러 맛있는 것도 사먹고

차안에서 이런저런 얘기도 하고

말 잇기 게임도 하고

나라 이름 대기 게임도 하면서

끝까지 다툼 없이 잘 도착했다.

아이까지 함께 온 손자는 남편뿐이었다.

남편의 얼굴을 세워준 거 같아 기쁘다.

조금 더 있어도 되는데

남편이 자꾸 가자고 해서 나오니

처갓집으로 가자고 한다.

안 가도 된다고 하는데도 자꾸 가자고 한다.

내심 고마움의 표시인 거 같다.

아이는 엄마의 눈으로 아빠를 바라본다

2008년 5월 1일 (목)

오늘은 부모교육이 있는 날이다.
숙제를 했냐고 하는데 아차!
'안아주기'가 숙제였는데….
일주일 동안 안아주기를 했을 때
남편의 변화와 아이의 변화를 발표하는 거다.
단순한 안아주기를 통해 큰 기적이 일어났다고
경험을 한 친구들이 발표하는
경험나누기 시간이다.
아이를 안아주는 것은 쉬운데
남편을 안아주는 것은 모두들 힘들다고 한다.
나만 그런 줄 알았더니 많은 분들이 그러함에
내심 다행이라는 생각을 한다.
나에겐 큰 십자가가 아닐 수 없다.

"아이는 엄마의 눈으로 아빠를 바라본다."

이거 참 큰일이다.

갑자기 머리가 무거워진다.

내 아이에게만은 미움이란 감정을 주고 싶지 않은데.

이미 나의 감정이 많이 들어가 있다니

어떻게 해야 하나 걱정이다.

아들을 위해서는

나를 얼마든지 바꿀 용의가 있는데

남편을 위해서 나를 바꾸긴 쉽지 않다.

바꾸고픈 마음마저 들지 않는 게 문제다.

또 설상 나는 나를 바꾼다고 해도

남편이 같이 바꾸려고 노력이나 할까? 라는

의구심이 든다.

하지만 아이의 정서적 안정을 위해서는

절대적인 행복한 가정이 필요하다는데.

어떻게 하면 행복한 가정을 만들 수 있을까?

내가 변하면 아니 내가 노력하면

남편도 노력하는 척이라도 해 주면

조금은 괜찮은 가정이 될 텐데,

왜 이런 교육을 고등교과 과목에 넣지 않았을까?

남자든 여자든 모두 꼭 필요한데.

사실, 가정이 행복하면

회사생활도 잘하는 건 누구나 알고 있다.

학교에서 배우지 못했다면

회사에서 이런 교육을 조금만이라도 담당한다면

얼마나 건전한 사회가 될까?
예전에 남편의 승진으로 호텔에 만찬을 먹으러 갔을 때
남편 회사 이사님이 말씀하시기를
남편을 성공시키고 싶으면
밤 12시 전에 들어오면 쫓아버리라고…. 쯧쯧
내가 이런 사회에서 무엇을 기대하는 걸까?

반 친구 한 분이 아이마저도 안아주기를
하지 못한다고 하자
어린 시절 자기 얘기를 하라고 하니
참 아픈 상처가 있다.
자랄 때 엄마한테 받은 상처로
자기 아이마저 사랑하지 못한단다.
그런데 놀랍게도 상처를 안고 사는 엄마들이
너무 많다는 거다.
모두들 공감하며 눈물을 흘린다.
갑자기 많은 생각이 든다.
우리 부모님께 먼저 감사함을 느낀다.
큰 상처 주지 않고 키워주신 거에 대해.

나의 여유

2008년 5월 2일 (금)

아들의 신상에 변화가 생긴 거 같다.
문자를 조금 덜 하는 게
여자 친구랑 사이가 조금 벌어진 거 같다.
이 기회에 마음을 잡았으면 좋으련만….
재연 엄마랑 마재 성지에 갔다.
작년 11월에 가고 처음 갔는데 성전이 세워졌다.
작년에는 사제관 거실에서 아늑하게
미사를 드렸는데
지금은 아담한 한옥에 앉아서
다과를 즐기듯 미사를 드리는 기분이 꽤 괜찮다.
미사 후 휴게실에서 마시는 커피도
여느 카페 부럽지 않다.
창 넓은 창가에 앉아
자연을 벗 삼아
마음이 맑은 사람들과 나누는
1시간의 여유가
나의 긴장된 마음을 사르르 녹여준다.

아들이 오기 전에

집으로 와서 바삐 음식 준비를 하였다.

매일 매시간 바뀌는 아이의 마음이니

조금 더 신경이 쓰인다.

일찍 들어오는 것을 보니

역시 내 예상이 맞는 거 같다.

밥을 먹고 한숨 재우고

학원에 데려다 주었다.

서울 숲에서 하는 작은 콘서트를 갔다.

국악콘서트지만

저녁 야외에서 맑은 공기를 마시며

차지 않은 바람을 느끼며 듣는 공연은 작은 행복을 주었다.

어디서든 교육 이야기

2008년 5월 3일 (토)

아이를 학교에 보내고

남편은 아버님한테 가고

난 또 혼자다.

주말에 혼자인 내가 이젠 익숙하다.

나름 혼자 지내기를 즐기는 나지만

이젠 나이가 들어서인지

살짝 외로워지려고 한다.

주말엔 모두들 가족과 함께 보낸다는데.

이럴 땐 텔레비전을 친구삼아 틀어놓고

소파에 누워 나른함에 빠진다.

아이가 오기 전에 일어나

부지런히 청소하고

밥 하고

빨래도 한다.

막내가 조카랑 온단다.

아들 영어 과외 하는 동안

조카랑 막내와 돗자리를 들고

가로공원에 가서 놀았다.

가로공원 역시 아이들의 과외장소다.

어린 친구들이 인라인을 배우나 보다.

젊은 엄마들이

커피도 마시고 김밥도 먹으며

아이들이 인라인 수업을 받는 걸 지켜본다.

막냇동생은 그 엄마들에게

좋은 정보를 소개받는다.

이제 11개월 된 조카에게도 좋은 학원이 있단다.

놀이학교인데 일주일에 1번씩 1시간씩

수업이 있다고 한다.

어디를 가든 교육,

교육 얘기다.

아들의 첫 외박

2008년 5월 4일 (일)

아들의 토플 시험이 있는 날이라 일찍 준비를 하고
숭실대로 출발했다.
아들을 내려주고 성수동 언니네 갔다.
다리를 다쳐 꼼짝도 못 하니
본인이 걱정이 아니라
고3 딸이 걱정이란다.
학원 pick up도 못 해주고
시험도 따라다니지 못해 큰일이란다.
학생을 둔 엄마는
몸도 아프면 안 된다는 말이 맞는 거 같다.
사실 나도 아프면 당장 아들이 큰일이긴 하다.
2시에 토플이 끝나서
1시 20분쯤 출발하려고 하니
아들한테서 끝났다고 전화가 왔다.
큰일이다.
먼 거리에 왔는데….
아들은 택시를 타고 집으로 간다는데

돈도 하나도 없는데.

집 앞에서 만나자고 하고

부랴부랴 운전을 했다.

내가 도착하기 전에 먼저 아들이 도착했지만

택시비를 주지 못 해 못 내리고 있단다.

마음이 얼마나 급한지.

식은땀이 났다.

요즘 나의 운전이 거칠어졌다고 사람들이 얘기한다.

신호 위반에 차선 변경도 마구 하고.

느긋한 나의 성격은 이젠 없어졌다.

다행히 5분밖에 안 늦었다.

살짝 까칠해진 아들에게

아양을 떨어야 할 것 같다.

근데 아들이 웃는다.

"오늘 친구네 집에 가서 자면 안 돼요?" 한다.

그러면 그렇지….

이럴 땐 어떻게 말하면서 허락을 안 해주지?

"그건 좀 곤란한데…." 하고 말끝을 흐렸다.

아들은

"왜 안 되는데요? 날 못 믿는 거예요?" 한다.

"물론 아들을 믿지! 하지만 외박을 하기엔…."

또 말끝을 흐린다.

아들은 친구한테 바로 전화를 해서 약속을 잡는다.

내 앞에서….

난 할 수 없이

"엄마 전화 꼭 받고, 도착하면 꼭 전화해."

당부하고 보내주었다.

텔레비전을 보면서도 내용이 들어오지 않고

안절부절,

왔다 갔다 하니

남편이 그럴 걸 왜 보냈냐고 한다.

자기도 옆에서 아무 말 못 하고 말리지도 못했으면서…. 참.

말없이 한숨만 쉬고 있는데

새벽 1시가 다 되어서 이제 영화 끝나고

친구 집에 간단다.

옆에 남편은 쿨쿨 잔다.

속도 편하시지….

집 밖으로 나와 한참을 서 있다가

다 부질없다는 생각을 하고 집으로 들어왔다.

모든 것은 내 맘대로 안 되니,

기도를 해야겠다.

의심이 내 마음을 불안하게 한다

2008년 5월 5일 (월)

아침 9시나 되어서 아들이 전화를 받았다.
친구 집에서 밥을 먹고 온단다.
10시 40분이 되니 아들이 왔다.
고기반찬에 여러 반찬과 함께
맛있게 아침을 먹었다고 하는 거 보니
친구 집에서 잔 게 확실한 거 같다.
아들은 거짓말은 하지 않는다고 생각하는데도
자꾸 내 맘을 모르겠다.
확인해야 마음이 풀리는 게.

다른 사람의 강점을 보자

2008년 5월 7일 (수)

아침 일찍 서둘러 절두산 성지에 갔다.
미사를 보는데 옆에 앉은 친구가 무표정이다.
아들 또래의 남자아이인데
아무것도 느끼지 않는 표정으로
앉았다 일어섰다만 반복한다.
평화의 인사도 받지 않고 하지도 않는다.
옆에 엄마는 아이를 부축해서
성체를 모시게 한다.
남들은 모두 학교에 갈 시간에
이 아이는 엄마와 24시간을 함께
보내는 거 같다.
요즘 난 아들이 하루만 집에 있어도 버거운데.
이 엄마는 얼마나 힘들까?
하지만 엄마의 표정은 환하다.
나는 나를 되돌아보게 하는
이 모자를 위해 오늘 미사를 바치고 싶다.
몸과 마음이 건강한 아이가 되기를

기도드린다.

오늘 강의는 긍정적 감정과

긍정적 성격에 대해서다.

똑같은 조건의 수녀님들을 대상으로 연구를 했는데

감정을 표현하면서 수도생활을 한 수녀님들과

짜여진 틀에 잘 맞추어 산 수녀님들과의 수명은

무려 40년이나 차이가 난단다.

사실, 나는 현실을 나열식으로

잘 얘기하고 잘 적는다.

하지만 나의 감정을 잘 표현하지도 못하고

다소 무덤덤하게 살아간다.

사람에게는 24가지 강점이 있는데

서로 다른 강점을 가지고 살아간다.

나는 나의 강점이 더 좋은 것처럼

다른 사람의 강점을 인정하지 않을 때가

얼마나 많은가?

다른 사람의 강점을 인정해 준다면

그 사람을 나와 다른 사람으로 보면서

함께 어울리며 살아갈 수 있다.

또, 다른 사람의 약점을 찾아서 말하기보다

강점을 찾아서 부각시켜 주면

훨씬 긍정적인 삶이 될 것이다.

어버이날 받는 부모교육?

2008년 5월 8일 (목)

오늘은 어버이날이다.
남편이 출근한 뒤 전화해서
친정 전화번호를 묻는다.
화가 난다.
16년 동안 한 번도 바뀌지 않은 전화번호를
매년마다 묻는다.
부모님께 찾아가고 싶은데
내 자식 부모 노릇 때문에
내 부모님의 자식 노릇을 못 한다.
머릿속으로는 시간을 쪼개어
부모님께 열두 번도 더 갔다 왔다.
이렇게 내가 40살이 넘도록
뒤에서 든든한 힘이 되어주시는 부모님께
오늘 하루도 함께하지 못한다.

전화만 드리고
무거운 마음으로 부모교육에 갔다.

오늘 교육은 아이가 어릴 때

누가 어떻게 해 주었는가에 대해서다.

절대적 의존 시기인

태어나서부터 6개월까지

엄마가 함께 해 주었는가 말이다.

엄마와 떨어지면

멸절체험을 경험한다.

직장을 나간다 하더라도

이때만큼은 함께해야 한다.

그런데 나는 전혀 함께하지 못했다.

3주만 산후조리를 하고

아이를 시골 부모님 댁에 보냈다.

엄마의 무지로

아들은 엄마를 전혀 느껴보지 못했다.

아들이 사랑이 부족한 거 같긴 했는데

이것이

이 시기를 함께 보내지 않은 것 때문인지 전혀 몰랐다.

다행히 할머니의 지혜로 6개월 후엔

할머니와 같이 우리 집에 와서 지냈다.

밤엔 엄마의 이슬로 아이들이 큰다고

어른들께서 말씀하셨다고

할머니께서 무작정 나의 집으로 오신 것이다.

우린 좁은 집에서

할머니와 같이 산다는 게 불편할 것 같아서

내심 반갑지만은 않았다.

어른들의 삶의 지혜는

새겨들어야 함을

15년이 흐른 지금에서야 깨닫는다.

6개월부터 2세까지는

상대적 의존시기라고 한다.

이 시기는 오후에 출근하는 관계로

다행히 하루의 반은 엄마와 함께 보냈다.

이 시기에 아이는

사랑의 능력이 탄생되고

우정도 탄생된다.

아들이 친구들은 잘 사귐이 정말 다행이다.

이 시기를 잘 못 보내면

성격장애가 된다.

왜 이런 강의는

결혼 전이나

아이를 낳기 전에 듣지 못했을까?

하는 후회를 하며

머릿속이 복잡해진다.

나만 그런 게 아닌가 보다.

여기저기서 한숨소리가 나온다.

한 엄마는 초등학교 3학년 여자아이인데

가정에서 떠나기 위해

기숙사형 중학교에 가기 위해

열심히 공부를 한단다.

강의하시는 수녀님께서

그 엄마에게 딸을 보지 말고

엄마 자신의 삶을 돌아보라고 하신다.

그 엄마는 형제 차별을 심하게 받고 자랐단다.

자기도 큰 아이만 예뻐하고

작은 아이는 알아서 하니까

많이 돌보지 않았다고 한다.

엄마의 엄마와의 관계를 돌아보면

딸과의 관계가 보일 거란다.

이럴 때는 한 명 낳길 잘했다는 생각이 든다.

한 명 자녀를 둔 엄마가 질문을 한다.

애가 하나일 땐 어떻게 돌아보냐고?

수녀님은

"아이가 하나인 사람은 평생 연습장만 쓴다."

고 하신다.

이 무슨 말인가?

새 노트를 쓰기 전 연습하는 연습장이란다.

갑자기 아이한테 미안해진다.

사랑을 듬뿍 준다고 주지만

엄마의 여러 가지 실수를 모두 당하기만 한다니….
집에 오니 어버이날이라고
아들이 편지를 주었다.
마음이 듬뿍 담긴 편지다.
가슴이 찡하도록
말로 하지 못했던 아들의 마음이 전해왔다.
카네이션이 없으면 어떠랴?
사춘기 때 자기 마음을
부모에게 전하는 것이 쉽지는 않았으리라….
고맙다 아들^^

엄마의 이기심

2008년 5월 12일 (월)

석가탄신일이다.
쉬는 날이라 아들이 하루 종일 집에서 뒹굴면
내가 힘들 텐데 다행히 학원에 간다.
엄마의 이기심이 끝이 없다.
아들이 학원에 간다니까
부부가 말없이 흐뭇해하며
하루를 부담 없이 시작한다.
이렇게 좋은 5월에
아들도 하루 정도는 집에서 쉬고 싶을 텐데,
그것마저도 무참히 빼앗아 버리는
이 엄마를 용서해다오.
아들의 사춘기로 우리 부부 사이는 조금씩 좋아지고 있다.
솔직히 아들이 한없이 예쁠 때는
남편은 집에서 왕따 아닌 왕따가 되기도 한다.
맛있는 것도 좋은 것도
아들을 먼저 챙겨주니까.
아들의 옷장은 넘쳐나는데

아빠의 옷장은 사계절 단벌신사다.

아들의 신발장은 넘치는데

아빠의 신발은 구두, 운동화, 단화가 전부다.

슬리퍼는 그나마 아들이 싫증낸 것으로 대신한다.

아들 위주로 지내다가

아들이 갑자기 감당하기가 버거워지니

남편에게 손을 내밀었다.

고맙게도 남편은 아빠로서 자리를

조금씩 차지해 주었다.

혼자 아이를 얼마든지 잘 키울 수 있다고

장담한 것이 한없이 부끄러워진다.

요즘, 아들을 통해

겸손이라는 단어가 내 주위를 맴돈다.

아들을 학원에 데려다 주고

부부가 오랜만에 양평 쪽에 가서

점심을 먹고 집에 와서

영화를 한 편 보면서 한가로이 보냈다.

이렇게 긴 휴식을 취했는데도

아들이 오려면 3시간이나 남았다.

1시부터 9시까지니 참 긴 시간이다.

이렇게 오후부터 밤까지 학원에 가는 아들이

오전에도 공부 좀 해 주었으면 하고 사실 바랐다.

부부가 실컷 쉬고 나니까 아들에게 미안해진다.

담배 냄새

2008년 5월 14일 수

아들이 체육대회로 과천에 간다.
이 옷, 저 옷을 코디해보고
한껏 멋을 내고 갔다.
아들을 현관에서 배웅해 주고
돌아서면서 "휴" 하고
긴 한숨이 나오며
오늘의 반이 지나간 거 같다.
학교에 도착해야 할 시간까지
여유롭게 머리카락 한 가닥 한 가닥 만지는데
말도 못하고 옆에서 서 있으면
아이고~~ 도를 닦는 마음이다.

절두산 성지에 교육을 받으러 갔다.
'행복한 삶'에 대해 배우는 시간이다.
'행복한 삶'이란
즐거운 삶,
관여하는 삶,

의미 있는 삶이란다.

1. 즐거운 삶을 유지하려면 부정적인 것들을 감소시켜야 한다.
① 빈정대기를 줄이기
② 매체의 노출을 선택적으로 하기
③ 자극 대상물에 대한 노출을 최소화하기이다.

2. 관여하는 삶은
일,
사랑,
놀이를 재시도하여 만족을 이끌어 내어야 한다.

3. 의미 있는 삶은
나에게 베풀어주기를 바라듯이
내가 먼저 다른 사람들에게 베풀어주어야 한다.

이 강의를 들으며
행복이란
뭘까 라는 생각을 한 번 더 해 본다.
하지만, 쉽지 않다.

아들은 5시가 넘어도 오지 않아
전화를 하니

이제 출발하는데

머리가 많이 아프다고 한다.

오늘 학원 가기는 틀렸구나 싶다.

학원 친구 엄마들을 잠깐 만나러 갔다.

내일이 스승의 날이라

수학학원에 감사의 표시를 하자고

의견을 모았다.

우리 아들 빼고 모두 성실하고

노력하는 아주 예쁜 자식들 같다.

집으로 돌아오는 길에 많이 속상하다.

우리 아들은 학원도 안 가고 집에 누웠는데.

체육대회라고 학원 안 가는 아들은 울 아들뿐이고

저녁 11시 ~ 1시까지 자습 안 하는 아이도

울 아들뿐이다.

어쩌겠느냐??

내 아들인데….

마음을 추스르고 집으로 들어오니

아들이 눈이 벌겋도록 컴퓨터를 하고 있다.

근데 아들에게서 담배 냄새가 난다.

내가 잘못 맡았겠지 싶어 넘기려 했지만

너무 많이 난다.

갑자기 화가 났다.

어떻게 된 거냐고 물으니

화를 내며 자기 방으로 들어가

문을 세게 닫아버린다.

이때까지 까칠하게 해도

큰 소리로 나한테 말을 하지는 않았는데

오늘은 눈을 부릅뜨고

의심한다고

큰소리를 친다.

머릿속으로

이쯤에서 물러나야 하나

계속 다그쳐야 하나

판단이 서지 않는다.

한참 아들의 눈을 쳐다보니

아들도 내 눈을

똑바로 쳐다본다.

아들도 나처럼 머릿속으로 계산하고 있나 보다.

마무리를 어떻게 해야 하나 생각하고 있는데

"어쩌라구요?"

하며 아들이 한 번 더 큰소리친다.

"너에게서 담배 냄새가 났고,

얼굴도 많이 상기되어 있고,

머리도 아프다고 해서

엄마는 의심하고 싶진 않지만

솔직히 의심이 간다.

넌 피부가 예민해서
금방 피부트러블도 날 테고
키도 안 클 테고 담배는 정말 안 된다."
하고는
일단 내 방으로 왔다.

조금 있다가 밥 먹으라 하니
그냥 두란다.
아직 화가 풀리지 않았단다.
참 나!!
누가 화를 풀어야 하는지
나도 내 방에 와서 불을 끄고 좀 누웠다.
이럴 때 남편이 밉다.
남편이 담배를 피우니 남편 탓만 같다.

Mirroring - 아이의 거울은 엄마의 눈빛

2008년 5월 15일 (목)

스승의 날이라
아이에게 이런 저런 얘기를 해 주고 싶었지만
어제 일로 그러고 싶지 않아
살갑게 대하지 않았다.
아들은 미안했는지
나를 보는 눈이 따뜻하다.
서먹함을 서로에게 느끼면서
학교에 보낸 뒤
착잡한 마음으로
부모교육에 갔다.
사실 다른 얘기는 다 해도
아들의 허물은 말하지 못하겠다.
내 자존심인지
아들을 위하는 마음인지는 모르겠다.

오늘은 Mirroring을 배운단다.
아이의 거울은 엄마의 눈빛이다.

엄마의 눈빛이 아이의 자존감을 높이고
아이에게 생명력을 준다.
Mirroring을 받지 못하면
신뢰가 없어지고
거짓자기를 만든다.
거짓자기는 5가지로 나눌 수 있다.

첫째, 양파 같은 인격인데
적응은 잘 하지만 공허해서
중독에 잘 걸린다.
성공해도 행복감이 없다.
알코올 중독도
엄마의 애정결핍에서 오는 것인데
결혼 후,
아내가 사랑을 많이 주면 치료가 된다.

둘째, 어떤 일이든 열심히 하긴 하는데
아무에게도 말 못 하는
5~10%의 비밀을 가지고 산다.
비밀이 있는 사람은
약을 먹어도 낫지를 않는다.

셋째, 체재에 반항하는

극단적인 논리를 가지고 살아간다.

넷째, 모델을 모방하여
갈증을 해소하며 살아간다.

다섯째, 완전한 참자기도
거짓자기를 가지고 있다.
문제없이 적응하는 것이 건강한 것이 아니다.

단테의 '왜 너는 네가 되지 못하였느냐?' 라는
글귀가 있듯이
우리 아이들도
아이답게 살아야 한다.
아이가 어떤 일을 해서 행복한 거라면 허락해야 한다.

강의를 들으며 참 많은 생각을 갖게 되는데
참 어렵다는 생각도 한다.
차 안에서 재연 엄마랑 얘기를 나누어도
답이 없는지라 자꾸 얘기가 끊긴다.
잠깐 쇼핑을 갔는데
그동안 아이 옷만 사다보니
정작 내 옷을 못 고르겠다.
집에 오니 아들이 공부를 하고 있다.

그걸 보니 갑자기 기분이 좋아진다.

아들이 영어 과외를 하는 동안

아들의 초등학교 5학년 담임선생님께

감사의 문자를 보냈다.

담임선생님은

'교사 생활 중 최고의 제자였는데 어떻게 잊겠어요?

지금도 잘하고 있죠?' 하시며

굉장히 반가워하셨다.

참 훌륭한 선생님이셨다.

교사로서 성실하시고

따뜻한 마음을 가진 분이셨다.

아들에게 얘기하니

"고등학교 가서 꼭 찾아뵐게요." 한다.

자기를 사랑해 준 선생님은

잊지 않는 거 같다.

나도 많은 아이들을 지도했지만

오늘 문자를 보내온 수정이가 너무 반갑다.

내가 선생님이었다는 것을 각인시켜 준

수정이한테 참 고마운 마음이 든다.

살짝 긴장감마저 불어 넣어주는 문자였다.

부끄럽지 않은 삶을 살고 있어야

혹 어디에서 만나더라도 떳떳하지 않겠는가?

카타리나 자매님에게서 전화가 왔다.

주교님을 찾아뵙자고 한다.

새해에 찾아뵙고 5개월 반이나 지났다.

병원에 가니 주교님께서 너무 반가워하신다.

너무 오랜만에 찾아뵈어 죄송스럽다.

항상 집에 갈 땐 기쁜 맘으로 가게 해 주신다.

성령칠은을 뽑으라고 하셔서 뽑으니

'지혜'가 나왔다.

"1년 동안 지혜롭게 살아라." 하신다.

그래!

1년 동안 지혜롭게 살 수 있으면

그게 바로 은총이지.

감사의 기도를 드리며 집으로 왔다.

일하지 않는 아내

2008년 5월 17일 (토)

오늘 학원에 가지 않는 날인데
웬일로 학원에 가겠다고 해서
기쁜 맘으로 태워주고 왔다.
남편과 텔레비전을 보는데
재연 엄마가 서울 숲에서
동물원 콘서트가 저녁 7시에 있다고 같이 가자고 해서
남편에게 아들 좀 학원에서 데려와 달라고 했더니
싫다고 한다.
갑자기 화가 난다.
내가 늘 하는데 한 번 부탁마저 거절한다.
내가 학원을 경영할 때는
가끔 남편이 아들을 데려오기도 했는데
내가 집에서 노니
이러는 건지
여러 가지 생각이 든다.

왜 미워하는지 내 안을 들여다 본다

2008년 5월 18일 (일)

아들은 한없이 늦잠을 잔다.
다른 아이들은
오늘 국어인증시험을 보러 아침 일찍 갔을 텐데.
아들은 11시가 넘도록 일어나지 않는다.
또 슬슬 화가 난다.
일어나서도 빈둥빈둥 공부를 하지 않는 아들이
슬슬 미워지기까지 한다.
잠시 집을 나와서
미사를 보고
내 마음을 본다.

인내의 한계

2009년 5월 19일 (월)

학교에서 온 아들은
오늘 할 게 많아서 학원을 빠져야겠다며
슬쩍 웃는다.
미안하긴 한가 보다.
이번 주 토요일이 수학경시라
보충을 언제 시킬까
도훈엄마랑 통화했는데
학원을 안 간다니.
휴~
늘 나를 앞서서 한 방 치는 아들!!
너무 피곤해서
먼저 한숨 주무셔야겠단다.
2시간 30분을 자고 나서
인터넷 뉴스도 30분이 넘도록 보고 있다.
내 인내도 한계에 다다랐다.
아들한테 얘기 좀 하자고 하니
웃는 얼굴이 싹 없어진다.

공부는 어떻게 할 거냐고 물으니
"뭐?"란다.
영어는 언제 할 거냐고 하니
벌써 늦었으니 기대하지 말라고 한다.
머리끝이 서는 것 같다.
정말 다 때려치우라고
말하고 싶지만 꾸~~욱 꾸~~~욱 눌렀다.
'이렇게 비싼 영어 과외를 시켜주는데
이 정도밖에 말 못 하니?' 라고 말하고 싶었지만
말을 가려서 해야 할 것 같다.
"네가 힘든 것 다 알아! 우리 얼마 남지 않았으니
최선을 다하자. 그러지 않으면,
너무 후회될 것 같지 않니?"
하면서 다시 다독거렸다.
아들 방에 와서 성적표를 보았다.
전교 10등!
속으로는 '그래 여자 친구도 만나고 하니
이 정도밖에 못 하지.' 하면서
겉으로는 부모 란에
'수고했어요! 아들, 파이팅.'
하고 적었다.
내 욕심이 지나친 걸까?
조금만 더 조금만 더.

엄마의 욕심

2008년 5월 20일 (화)

아들의 귀갓길엔 늘
친구들이 함께한다.
아랫집 승연이는 벌써 왔는데
아들은 이제야 어슬렁거리며 온다.
오자마자 인터넷을 본다.
조금 있으면
영어과외인데
책이라도 좀 보고 있지 하는 생각이 든다.
가방을 보니
교내 수학 경시대회
은상이 있다.
금상을 바랐지만
은상도 고맙지 뭐!
경시대회도 나가지 않으려고 했던 걸
억지로 내가 신청해서 나갔으니.
경시대회를 볼 때도
1, 2, 3학년 모두 같이 보는데

후배가 다 풀었다며 먼저 내고 나가길래

'어쭈, 선배인 나도 안 나갔는데 건방지게.'

하면서

2등으로 나왔단다.

경시대회가 끝날 시간에

이미 집에 도착한 아들이다.

이 얘기를 친구엄마한테 하니

친구엄마는 한술 더 뜬다.

"엄마가 신청했다고 시험을 아예 안 본

울 아들도 있어." 한다.

그에 비하면 울 아들이 착한 건가?

내 죄는 행복해하지 않는 것

2008년 5월 21일 (수)

내 죄는
행복해하지 않는 거란다.
너무 놀라운 말을
교육에서 듣고
깊이깊이 음미해본다.
내가 마음이 아프면
남한테 언젠가는 상처를 주기 때문이란다.
자기표현 방법에는 3가지가 있다.

자기 표현형과
자기 공격형,
비자기 표현형이 있다.

나의 자기 표현영역을 조사하니
대화기술은 그런대로 괜찮은데
갈등처리,
요청하기와 거절하기,

비평에 관한 대처가 참 안 되는 편으로 나왔다.

정확하다.

상대에게 좋은 말은

얼마든지 해 줄 수 있지만

좀 불편한 얘기는 절대로 못 하는

내 성격 때문에

태교를 할 때

아들의 성격형성에 관한 부분을 제일 많이 신경 썼다.

내가 임신했을 때,

제자 중 한 살 차이인

6살과 7살 여자아이들이 있었다.

한 살 어린 여자아이는

싫고 좋음을 분명히 말하면서도

기분이 상하지 않도록 말하는 학생이고

다른 여자아이는 1살 언니인데도

싫은 것을 말할 때는 화부터 냈다.

태교하면서 뱃속에 있는 아이에게

거절을 할 때도 웃으면서 해야 한다고

여러 번 말을 해 준 기억이 난다.

아이들을 지도하면서 느낀 것들이

다행히 우리 아이 태교에

도움이 많이 되었다.

하지만,

현재 나의 표현방법은 어떠한가?

남편에게는 공격형,

아들에게는 비자기 표현형,

남들에게는 좋은 일은 자기 표현형,

나쁜 일은 비자기 표현형인 거 같다.

공격성은 살아있는 힘

2008년 5월 22일 (목)

부모교육에서도 어제와 일맥상통하는 교육이다.
행복해지기 위해서는
내가 원하는 것을 해야 한다.
그래서 오늘은 공격성에 대해 교육을 받았다.

공격성은
살아있는 힘이다.
우리 아이가 요즘 날 공격한다.
까칠한 말투,
성의 없는 대답,
컴퓨터만 보는 행동들.
이런 공격이 건강한 아이에게만 나온다.
사춘기 때 충분히 공격하지 못하거나
공격을 했는데
부모로부터 보복을 당하면
엉뚱한 데 가서 공격을 하거나
나이가 들어 우울증으로 온다.

요즘 아들의 행동이나 말투를
참아내는 것이 얼마나 힘든지 모른다.
남보다 조금 더 공부를 시키려고 하니
유세가 다른 아이들의 몇 배가 되는 것 같다.
공부가 우선이 아니라
관계가 우선이 되어야 하는데
참 어렵다.

내 화를 스스로 거둬들이는 방법은 기도밖에 없다.
기도!
기도!
내 마음은 분심으로 가득 찼는데
차분히 기도하라니!!
그것마저 참 힘든 싸움이다.
아이가 학교 갈 때도 '오늘도 무사히'
컴퓨터 할 때도 '이제는 일어나게 해 주세요.'
학원 갈 때도 '문자 그만하고 집중할 수 있도록.'
잠을 잘 때도 '푹 자고 내일은 힘차게.'

분노를 표현하는 방법들로는
1) 먹는 거
2) 잠자기
3) 술 먹기

4) 약 먹기

5) 컴퓨터, 텔레비전

6) 마구 읽는 것

7) 우는 것

8) 인간을 피하는 것

9) 내 탓이오

10) 일, 운동

11) 그 대상한테 더 잘 해주기

12) 무관심하게 대하기

13) 엉뚱한 데 풀기

등이 있다.

나는 텔레비전을 아무 생각 없이 보거나

잠을 많이 자는 방법을 택한다.

아들은 컴퓨터를 하거나

무관심하게 대하는 것 같다.

아빠는 운동하기와

술 먹기인 거 같다.

이렇게 분노를 표현하는 방법도

세 식구 모두 다르다.

여기서 독서도 분노를 표현하는 방법이다.

울 아들이 어릴 때 독서를 많이 해서

무척 대견했었는데

그게 아니었던 건가?

내가 일을 그만두고

중1 말경부터 독서를 하지 않는다.

엄마에 대한 허전함을 독서로 채웠나 보다.

아들!! 미안하다.

많이 무지한 엄마가

무지한지도 모르고

널 키우고 있구나!!

엄마의 분노가

아이한테 고스란히 가는데

내 분노를 내가 모를 때가 많다.

너무 순종적으로 살아왔고

또 살다 보니,

분노가 일어나는지조차 모를 때가 많다.

내 분노를 알아채는 방법엔 8가지가 있다.

1) 불공평하다고 생각

　　ㄴ 억울, 원망, 분노 등

2) 효과적으로 말하지 못함

　　ㄴ 자기 자신을 미워한다.

3) 사소한 일에 화내고 후회한다.

　　ㄴ 자존감 낮다.

4) 스스로 힘이 없고 무력하다고 느낀다

5) 내가 나 자신을 좋아하지 않는다.

6) 자주 사과하지만 진심으로 안 느낀다.

      └ 비참

7) 다른 사람을 보호하기 위해 나를 포기한다.

8) 나의 인생을 내가 통제하고 있지 않다고 느낀다.

공격을 수용하면

1) 대상 사용의 능력이 생긴다.

      └ 관계를 연이어가는 능력

2) 현실감이 생긴다.

      └ 화해를 하면 주관적인 것이 객관의 세계로 나온다.

3) 사랑의 능력으로 한발 앞서간다.

4) 시간사용능력이 생긴다.

      └ 분노가 있을 때는 내 할 일을 다하지 못한다.

오늘 교육은 아들의 공격을

참 반가워해야 할 것 같다.

'참 나'를 만드는 과정으로

끊임없는 노력을 해야 할 것 같다.

정말 무사히 아들을 키우기 위해서!!

감정에서 이성으로 넘어갈 때

부모의 울타리가 꼭 필요하니까….

아들의 두 번째 외박

2008년 5월 23일 (금)

내일이 수학경시라
새벽 1시까지 학원에서 공부를 하겠다는 아들!!
이럴 땐 어쩜 이렇게 예쁜지!
이런 내 마음을 들여다보면
참 간사하다.
아들은 엄마의 마음을 벌써 다 읽고 있다.
마트에 가서 아들이 좋아할 만한 걸로 많이 샀다.
1시에 와서도 꼭 밥을 먹기에 준비를 해 둔다.
세 끼니를 준비하려니
아들이 하나인데도 여간 신경 쓰이는 게 아니다.
남편은 거의 밖에서 해결하는데.
늦게 오는 것은 싫지만
밥을 해결하고 퇴근하는 건 좋다.
아들도 기숙사 학교에 보내고
내년엔 나도 좀 편하게 살고 싶다.
아들에게 해 주는 것이 즐겁기도 하지만
힘든 것도 사실이다.

아들을 볼 때는

어떤 연예인보다 더 예쁘고

아들이 '씨익' 한 번 웃어주면

아픈 몸도 벌떡 일어나게 하는 힘이 있다.

하지만 힘들게 할 때는

기숙사 학교에 빨리 보내고 싶다.

엄마의 이런 바람으로 합격이 되면 미안하겠지??

물론 아이의 장래가 더 큰 비중을 차지하는 마음이다.

사우나에 가서 쉬고 있는데

아들에게서 전화가 여러 번 왔었다.

부랴부랴 전화를 했더니

집에 버스 타고 가고 있단다.

학원에서 시험만 보고 그냥 보낸 모양이다.

내일이 시험인데 좀 더 해 주길 바랐더니.

쩝….

평상시보다 더 일찍 보냈다.

집에 오니 아이는 역시

컴퓨터를 하고 있다.

학원을 갔다 왔으니

아들도 좀 쉬고 싶겠지 하면서도

내일이 시험인데….

아들이 친구 집에서 자야겠단다.

참!! 기가 막혀 말이 안 나온다.

내일이 시험인데 어떻게??

나의 표정을 벌써 읽었는지 아들은

"왜요?" 하면서 인상을 찌푸린다.

나는 한마디도 안 했는데.

"엄마는 별로 안 보내고 싶은데.

시험이 있기도 하고,

이렇게 늦은 시간에 가는 것도 그렇고,

외박이 습관처럼 잦아지는 것도 걱정되고."

말이 채 끝나기도 전에

"날 믿지 못해요?" 하면서

더 강력히 나온다.

"내일 몇 시에 올 거니?"

난 바로 수긍해버렸다.

10시까지 오기로 하고 허락하자,

아들은 가벼운 발걸음으로 쏜살같이 나가버렸다.

아들을 내려다보며

성호경을 긋는다.

'주님! 혹 나쁜 일은 하지 않도록 보살펴 주시고,

놀더라도 주님께서 울타리를 쳐 주세요.'

오랫동안 아들을 내려다 본 뒤

쓸쓸히 빈집으로 들어왔다.

남편은 들어 올 리 만무하다. 금요일이니까….

사춘기 코스

2008년 5월 24일 (토)

오후에 수학경시라 오전에 일찍 잠이 깨서
이제나 저제나 아들이 오기를 기다리며
멍하니 텔레비전을 보았다.
10시까지 오기로 했으니
10시까진 전화를 하지 않아야겠지.
10시 땡 하자 전화하니 받질 않는다.
5분 단위로 전화해도
계속 안 받는다.
불안한 마음과
화나는 마음이 교차된다.
남편은 아들이 어디 갔냐고 묻지만
내 입에서 고운 말이 나갈 리 없다.
"일찍 들어와서 아이를 관리해야지
아빠가 늦게 들어오니 아이도 마음대로 하지!"
남편은 말없이 자기 방으로 들어가 버린다.
내 화가 남편에게 마구 향하지만
요즘 받는 교육 때문인지 이쯤에서 멈췄다.

'소귀에 경 읽기'는
이제 그만하고 싶다.
11시가 다 되어
아들이 급히 온 것처럼
헐레벌떡 들어온다.
'그래! 지금부터 준비해서 가면 되는데
뭐가 큰 문제라고 화를 내겠어.'
마음을 추스르고 미운 남자들 밥을 차려주고
나는 먹지 않는다.

한양대에 가서 아들을 시험장에 들여보내고
도훈엄마랑 얘기를 나눴다.
도훈이는 순해서 엄마 말을 잘 듣는단다.
교육받기 전이라면 부럽기도 하고
속상하기도 했을 텐데….
받아들이는 나의 자세가
많이 달라졌음을 스스로 느낀다.
물론, 내 말을 잘 들으면
아들이 더 예쁘겠지만
내 말을 듣다가
자기 '화'를 안으로 감추고
그걸 다른 사람에게 풀면 어쩌겠는가?
교육의 효과인가?

사춘기 없이 조용히 넘어가는 아이들도 있지만
대부분의 아이들은 사춘기를 겪는다.
우리 아이도 대부분의 아이에 속할 뿐이다.

공부를 많이 시키려면
사춘기를 겪지 않도록
틈을 주지 않아야 한다고
대치동 어느 상담 선생님이 말씀하셨는데….
말이 경주할 때 말에게 씌우는
앞만 보는 가리개를 부모가 다 씌워준단다.
그래서 사춘기가 뭔지도 모르고 지나간단다.

하지만 울 아들은 벌써
가림판을 스스로 제거하고
많은 것을 보고 경험했는데 어쩌랴!!
사춘기 코스인
1) 옷에 관심 갖기
2) 이성에 눈뜨기
3) 친구관계 소중하게 생각하기
4) 반항적인 말투
5) 염색, 귀 뚫기, 튀려고 하기
6) 술, 담배하기
하나씩 하나씩 섭렵하듯이 하고 있는 것을….

엄마의 생활 관리

2008년 5월 27일 (화)

성서공부를 하기 위해 서둘러 집을 나선다.
오랜만에 산 원피스를 입고
구두도 신으니 기분이 한결 좋다.
요즘 아이의 학원비에
아이 품위 유지비 대느라
정작 날 위해서는 돈을 쓰지 못한다.
기껏 사야 티셔츠 정도인데
원피스를 샀으니 기분이 좋을 수밖에….
그것도 유행하는 미니원피스를….
다리가 좀 굵다 싶지만
다리를 내놓는 기분이 색다르다.
과감한 도전도 나쁘지 않네….
성서공부를 함께 하는 친구들도
모두 보기 좋다고 말씀해 주시니
기분이 한층 더 좋아진다.
성서공부 반에서 내가 제일 젊다.
성당에 오면

'젊어서 예쁘다'는 소리를 많이 듣는다.

수업 후 심리학 강의가

번동 생활 성서사에서 있다고

함께 가자고 하는데

잠깐 고민이 된다.

아들의 하교시간보다 조금 늦을 것 같아서다.

하지만 내가 언제 이 강의를 듣겠나 싶어

일단 가기로 했다.

강의를 들으면서 느낀 점은

'정말 많이 배운 사람은 겸손하구나!'라는 것과

'핵심을 집어서 말하는 것이 왜 중요한지'이다.

요즘 내가 부족하다고

스스로 자책하는 것이

다른 사람의 말에 적절한 대답을 잘 못하는 것과

너무 산만하다는 것이다.

미사를 할 때도 아무 생각 없이 있다 보면

벌써 파견성가를 부르고 있다.

책을 읽을 때도 책장을 한참 넘겼는데도

무슨 내용인지 생각이 안 난다.

강의 내용보다

훌륭한 사람과의 만남을 통해

한 번 더 나를 돌아 볼 수 있어서 좋다.

허겁지겁 집에 오니

아들이 과외를 하고 있다.

미안하다고 아들한테 얘기한 뒤

김밥을 차려주니 배가 고팠는지 허겁지겁 먹는다.

살짝 미안함을 느낀다.

선생님이 가시고 난 뒤

아들은 요구가 많아진다.

먹고 싶은 것도 많아지고,

인터넷도 당당히 하고.

이래서 집을 비우면 안 된다.

아이들은 엄마가 이럴 때는

강하게 혼내지 못한다는 것을 안다.

만약 혼내더라도

당당히 대응할 수 있다는 것도 안다.

그래서 엄마는

항상 엄마의 생활 관리를 해야 한다.

거절하는 힘

2008년 5월 28일 (수)

절두산 성당에
늘 엄마와 함께 왔었던 소년이
오늘은 보이지 않는다.
비가 와서인가?
짧게나마 그 소년과 엄마를 위해 기도했다.

오늘 강의는 자기표현이다.
자기표현이 어려운 이유는
성격이 아니라
학습된 행동 또는 경험부족 때문이다.

1) 더 좋은 모델 결핍
2) 비자기 표현적인 행동의 강요에서
3) 자기표현을 했을 때 처벌받아서

자기표현의 구성요소는
1) 어휘가 5~7%

2) 목소리 톤이 53%
3) 표정이 38%
라고 한다.

가끔 난 별말 안 했는데
남편이 심하게 반응할 때
난 참 억울했는데
이제야 이해가 간다.
내 표정이 몹시 일그러졌거나
목소리 톤이 달랐던 거 같다.

자기표현의 3가지 구성요소엔
1) 시각적 요소
　　└ 눈 맞춤, 거리, 얼굴표정, 몸동작과 자세, 몸의 방향
2) 음성적 요소
　　└ 목소리 크기, 말하는 속도, 유창함, 정감
3) 언어적 요소가
　　└ 문장 끝맺기, 핵심의 전개, 지나친 수식어 사용금지 등이다.

내가 제일 약한 것이
문장 끝맺기인데 문장을 끝맺지 못하면
진솔한 인간관계를 못 맺는 거라고 한다.
자기표현의 첫 단계는

어떤 인간관계를 맺고 싶은지
먼저 결정하는 거다.

인간관계에서 대화의 단계는
  1. 일상적인 일만 나누는 대화
  2. 사실을 나누는 대화
  3. 의견을 나누는 대화
  4. 감정을 나누는 대화

상대방이 들어오는 속도와
내가 들어가는 속도가 같아야
좋은 인간관계를 맺는다.
사실을 얘기하는 친구에게
내 감정을 나누길 원할 때만큼
서글플 때가 없지 않은가?
참 유익한 강의다.
학교에서 16년을 배워도
한 번도 다루지 않았던 것들이다.
내 나이 정도 되어야 귀에 쏙쏙 들어오는 강의인가?
즐겁게 집에 오니 아들 학원 친구 엄마에게서 전화가 왔다.
민사 수학경시가 얼마 남지 않았으니
수학 과외를 같이 하자고 한다.
대치동의 아주 유명한 선생님인데

과외를 어렵게 땄으니 좋은 기회라고 하신다.
나도 예전에 설명회에 가서
한번쯤 아들을 맡겨보고 싶었던 분이기에
바로 하고 싶다고 말하고 싶었지만
아들에게 물어보고 대답해 드린다고 하니
친구엄마는 왜 아들에게 물어보고 결정하냐고
나를 답답해하신다.
아들한테 물어보니 아들은 단칼에 거절이다.
이유는 시간이 없단다.
너무 좋은 기회를 한 번의 생각도 없이 거절하다니!
아쉬움은 많이 남지만 접어야지
어떻게 하겠는가?
학원에 내려주고 집에 와서
여기저기 전화해 보는데 아무도 받질 않는다.
잠시 생각해 본다.
무엇을 말하고 싶어 전화기를 부여잡고 있는지.
말해도 부질없는데.
'NO!'라고
자신 있게 말하는 아들이 건강하다는데….

나는 그 나이 때
절대 단칼에 노우 못했을 텐데….

대상엄마와 환경엄마란?

2008년 5월 29일 (목)

부모교육을 받으면서 너무 재미있어졌다.
예전엔 부모가 알아야 할 게
뭐 그리 많을까 해서 조금은 쉽게 생각했다.
사실 아들 키울 때도
열심히 최선을 다해서 키우면 되겠지
하는 생각으로 키웠다.
제대로 알지 못한 채
나의 생각으로 키웠다.
완벽하지 못한 부모 만난 것도,
일하는 엄마 만난 것도
아이의 팔자니 할 수 없지 하는 맘도 있었다.
오늘은 내가 많이 반성이 되는 교육이다.

'부모화된 자식'

아이가 너무 성숙하여
도구적 부모역할을 하거나

엄마의 일기 91

정서적 부모역할을 한다.
자식은 집안 살림에 도움이 되거나
부모의 정서적 안정에 힘이 된다.
하지만 아이의 불안은 더 깊어지면서
자기 자신을 포기한다.
긍정적인 면은
사회성이 발달하여
인정받는 어른이 된다.
엄마인 내가 정서적으로 살아 있어야
아이에게 정서적 부모역할을 할 수 있다.

부모화된 자녀가
어른이 되면 일중독이나
책임을 많이 지는 사람이 된다.
적응은 잘 하지만
주관적 행복이 없다.

순응하는 아이는
사랑의 능력이 안 생긴다.
내 주장을 하면서
양심이 생기기 때문이다.
상대적 의존시기에
대상엄마와

환경엄마를

둘 다 해 주어야 하는데

대상엄마만 해 주면 된다고

생각하는 엄마들이 많다,

환경엄마를 경험하지 못하면

부부관계에서도 부인역할을 하지 못하고

부모역할을 하려고 하며

자식에게도 대물림으로

대상엄마만 해준다.

환경엄마를 체험하지 못한 아이는

우울하다.

내 부모를 머리로 대하면

내 아이도 머리로 대하고

가슴으로 대하지 못한다.

아들이 어렸을 때

길가다 넘어졌을 때

우는 아이를 옆에 가서 일어나라고 하고

일단 울음을 그치게 한 뒤

아픈지 생각을 해 보라고 했다.

생각해서 아프지 않으면

울지 말라고 단호히 말했던 기억이 난다.

너무나 냉정하게 말하고

다시 가던 길을 갔다.
그것이 강하게 키우는 것인 줄 알았다.

갑자기 내 머릿속에
혼란이 온다.
나도 환경엄마가 되지 못하는 걸까?
그럼 나도 마음 속 깊이 있는
상처를 끄집어내어
치료를 해야 하는 걸까?
아들이 가끔 쌀쌀하고 냉정할 때
내 맘이 허전함을 느꼈는데
나의 잘못임을 오늘에서야 안다.
사춘기라 그러려니 했는데….
아들에게 솔직히 말하고
용서를 구해야겠다.

내 부모님은?

2008년 5월 30일 (금)

부모님이 오시는 날이다.
부모님이 오랜만에 오시는데
내 일상을 잠시 뒤로 해야 한다고 생각한다.
나의 맘을 부모님께 온전히 드려야
부모님도 느끼는 거다.
막냇동생의 딸이 내일이 돌이라
동생이 마중도 나가고 옷도 사 드렸다.
그래서 오늘은 막냇동생네 집에서 주무시기로 했다.
아들을 데려다 주고
부모님께 잠시 들르려고 했는데
오늘은 아들이 학원을 안 간단다.
아들과 뒹굴며 함께 있으니 좋긴 좋은데
내일이 아들 시험이라 마냥 즐겁지만은 않다.
내일 영어 시험이라 오늘 수학학원을 간다는 게
부담도 되겠지 싶어 학원 안 가는 걸 애써 이해해 본다.
아들이 공부를 조금 하는가 싶더니
일찍 자야겠단다.

가족을 사랑하는 것은?

2008년 5월 31일 (토)

오늘은 마음이 부산해서 일찍 일어나서
기도를 하고 있는데 핸드폰이 울린다.
이른 시간인데 친정아버지께서
우리 집으로 오시고 싶다고 하신다.
연유를 여쭙지도 못하고
바로 모시러 나갔다.
동생이랑 말다툼이라도 하셨나?
혼자 온갖 생각을 하며 급히 운전했다.
밖에 나와서 기다리고 계신다.
일단 차에 타시라고 하고 오는데
별말씀이 없으시다가
"난 네 집이 편해!"
한마디 하신다.
더 이상 아무것도 여쭙지 않고
식사를 차려드리고
아들을 데리고 시험장으로 향했다.
중간에 민사고 설명회를 가야 하기 때문에

아버지 점심을 남편에게 부탁했다.

새벽 여섯 시에 들어온 남편이지만

오늘은 우리 집 쪽 행사라

난 화를 꾹 참는다.

남편도 그것을 이용했을 테니까.

설명회의 열기는 대단했다.

큰 강당이 꽉 차고 계단까지 앉아서 듣는다.

놀라운 것은 중3 부모보다 중2, 중1

초등학교 부모님이 더 많은 거 같다.

우리 아이는 중1까지는

즐거운 학교생활만 한 것 같은데.

작년 상산고 학교 방문 때도

옆자리에 앉은 엄마가

초등 5학년 엄마라서 깜짝 놀란 적이 있다.

스케줄을 들어보니

우리아이보다 훨씬 더 많다.

아들은 월 수 금은 수학,

화 목 토는 영어로 아주 간단한데

5학년 그 아이는

그 외에 논술, 경시수학 예체능 등등.

아들을 데리고 집으로 오니

아빠께서 초라한 점심을 손수차려 드셨다.

이런~~~

아침부터 바삐 나가서 집이 엉망이다.

코엑스라 걸어서 돌잔치에 갔다.

동생부부는 최고를 지향하는

젊은 부부답게 앨범제작부터 이벤트까지

모두 몇 달 전부터 준비해 왔단다.

오랜만에 예전에 근무하던 학원 선생님도 오셔서

옛날 학원 얘기를 하며

즐거운 시간을 보냈다.

그땐 그 선생님도 미혼이었는데

이젠 초2, 유치원생 두 아이의 엄마다.

점점 교육열이 높아져가니

조금이라도 일찍 아이를 키운 게

다행이라면서 웃어본다.

행사가 끝나자

우리 집으로 모두들 가자고 한다.

막냇동생은 자기 집으로 가자고 하는데

우리 집은 치우지도 않고 먹을 것도 제대로 없는데….

내일 아들 일정이 있기 때문에

가족들이 온다는 것도 사실 조금 부담된다.

나의 이기심일까??

포기도 필요하다

2008년 6월 1일 (일)

오늘은 성균관대 수학 영어 경시가 있는 날인데
응시하지 않겠단다.
접수비까지 다 냈는데….
강하게 밀어붙이지도 못하고
일단 학원에 데려다 주었다.
학원에서 모의 민사수경을 보고
1시까지 진선여중으로 가면 되니까
수험표를 챙겨서 나갔다.
학원에 데려다 주고 10시 미사를 보고
잠시 방황을 하는데
친정어머니께서 점심을 같이 하자 하신다.
아들의 일정 때문에
이러지도 저러지도 못하고 있다가
다시 전화 드린다고 하고 끊었다.
12시쯤 학원 앞에서 얼쩡거렸는데
아들은 전혀 보이질 않는다.
12시 20분쯤 전화를 하니

신나게 점심을 먹고 있다.
시험에 대한 생각은 전혀 없는 거 같다.
맛있게 먹으라고 하고
전화를 끊고 시험은 깔끔하게 포기하고
부모님께 향했다.
성균관대 시험은
상 타는 학생이 소수이기 때문에
아들이 시험을 본다고 해서
상을 타리라는 보장도 없는데
굳이 얼굴 찡그리며
시험을 보게 하는 건 어리석은 일이라고
내심 나를 다독거려 본다.

부모님과 인천에 가서
밴댕이 무침을 먹고 있는데
아들이 벌써 끝나고 집으로 가고 있다고
전화가 왔다.
아빠랑 집에서 쉬고 있으라고 하고
오늘은 부모님이랑 보내야겠다.

아들도 피곤할 때는 쉬어야 한다

2008년 6월 2일 (월)

부모님이 시골에 가시는 날이라
아들을 학교에 보내자마자
부모님께 향했다.
집에 들어가니
아버지는 활짝 웃으시며 나를 맞으신다.
역시 오길 잘했다는 생각이 든다.
사실 오늘 나도 무지 피곤해서
잇몸이 부어서 좀 쉬고 싶었다.
하지만 부모님이 시골에 가시면
내 마음이 편치 않을 것 같아 왔다.
점심 식사를 맛있게 먹고
역까지 모셔다 드리고 돌아오니
마음이 한결 편안해진다.
집에 와서 아들에게
할아버지 할머니 시골에 내려가셨다고 하니
그냥 무심하게 듣는다.
"아들, 엄마가 나이 들면

함께 있어 주는 것만으로 효도야." 하고
아들 뒤통수에 한 번 더 말해본다.
아들은 피곤해서 한숨 자야겠다고 들어간다.
어제도 실컷 논 것 같은데….
한번 자면 일어나는 게 너무 힘들어
매일 지각인데 그렇다고 안 재울 수도 없다.
'나도 이렇게 피곤한데 아이는 얼마나 피곤할까?'
내가 이런 말을 하니
아들 친구 엄마가
"애들은 젊잖아." 하신다.
그래도 쉴 틈도 없이 우리도 공부했던가?
하는 생각이 든다.

영어는 시간이 필요하다

2008년 6월 3일 (화)

아이가 학교에서 오자 영어를 붙들고 있다.
내심 너무 기쁘면서도
한편으론 교복도 벗지 않고
책상에 있는 아이가 측은하다.
급히 밥을 먹고 단어를 보는 아이를 두고
난 열심히 집을 치웠다.
5시에 과외 샘이 오시기 전에….
과외를 하는 동안 방에서 책이라도 읽으려고 하는데
왜 자꾸 졸리는지….
2시간의 과외가 끝날 무렵 벌떡 일어나 안 잔 것처럼
책을 펼치고 있으니 과외가 끝났다.
샘을 현관 밖으로 따라 나가서
어떠냐고 여쭈어 보니
조금만 열심히 하면 충분히 잘할 수 있는데
안타까운 듯 말씀하신다.
다른 아이들은 15일에 있을 민사수경 때문에
과외를 오늘부터 시작한다는데

울 아들은 영어가 끝까지 발목을 잡고 괴롭힌다.

유명한 수학 샘이라 5회만 과외하면

효과가 있을 것도 같은데

이미 거절했으니 미련은 버리자.

늦게 시작한 영어 때문에 얼마나 괴로울까?

늦게 시작했지만

수학 국어는 따라잡았는데

영어만큼은 시간을 건너 뛸 수가 없다.

영어를 잘하길 바란다는 건 내 욕심인지도 모른다.

초등학교 5학년 때

캐나다 6주 어학연수 갔다 온 게

영어에 완전히 노출된 게 전부인 아들에게

토플을 하라고 하니 얼마나 힘들까?

이럴 때 또 남편이 밉다.

캐나다 갔을 때 1년 두고 싶었는데

남편이 절대 반대를 해서 데리고 왔다.

아들 안 보고 1년은 살 수 없다는 이유다.

그렇다고 아들이 있을 때

같이 있어 주는 것도 아니면서 말이다.

아이의 장래를 생각하는 것이 아니라

본인의 마음이 더 중요한 거 같다.

아들도 아주 가끔 영어가 힘들 때면

그때 1년만 두지 그랬냐고 한다.

긍정적 정서에서만 긍정적 활동이 나온다

2008년 6월 4일 (수)

절두산 미사 후 오늘 강론도 참 재미있다.
긍정적 정서를 통해서만
긍정적 활동이 나온다고 한다.
먼저 어떤 상황이 되었을 때
내 기분을 잘 살피는 게 우선이다.
하지만 우린 먼저 상대방을 단죄한다.

똑같은 상황일지라도
내 기분이 좋을 땐 너그럽게 넘어가고
내 기분이 안 좋을 땐 일을 크게 만든다.

대화를 나눌 때 걸림돌이 있다.
1. 명령·강요 : 너는 꼭 ~해야 한다.
   ㄴ 더 이상 말을 하지 않게 한다.
2. 경고·위협 : 만약 ~하지 않으면 그때는….
   ㄴ 방어적으로 만든다.

3. 훈계·설교 : ~하는 것이 너의 책임이야

  └ 논쟁하려 하고 반격하게 만든다.

4. 충고·해결방법 제시 : 너를 위해서 하는 말인데

                     내가 말하려고 하는 것은….

  └ 무능하고 열등하다고 느끼게 만든다.

5. 논리적인 설득·논쟁 : 네게 문제가 되는 것은….

  └ 화나고 분개하게 만든다.

6. 비난·비평·비판 : 너는 왜 그렇게 게으르니?

  └ 있는 그대로 받아주지 않는다고 느낀다.

7. 칭찬·찬성 : 야, 너 참 잘했다. 너는 참 착하구나!

  └ 화자가 문제를 해결할 능력에 대하여

    불신받고 있다고 생각하게 한다.

8. 욕설·조롱 : 그래, 너 잘났다. 멍청이 같으니라구!

  └ 이해받지 못한다고 느낀다.

9. 분석·진단 : 무엇이 잘못인가 하면 말이야….

  └ 감정은 정당화될 수 없다고 느낀다.

10. 동정·위로 : 앞으로 잘 되겠지.

  └ 방해받거나 거절당했다고 느낀다.

11. 캐묻기·심문 : 왜 그랬어?

  └ 좌절하게 만든다.

12. 빈정거림·화제 바꾸기 : 네가 그러면 그렇지.

  └ 마치 증인석에 앉아서 반대 심문을 받는 것처럼 느낀다.

    화자가 관심이 없다고 생각하도록 만든다.

이 많은 걸림돌을 나도 쓴다.

습관화되어 있다.

내 맘 깊은 곳에 사랑이 없어서일까?

아니면 말하는 연습이 되어있지 않아서일까?

말하는 것은 정말 어렵다.

아이는 결과이며 열매다

2008년 6월 5일 (목)

부모교육을 가는 날은 즐겁다.
나를 다시 되돌아 볼 수 있어 좋고
아직 늦지 않은 시기에
교육을 받게 됨을 감사히 생각한다.
아들과의 거리가 더 멀어지기 전에
좁힐 수 있는 힘을 주는 교육이기에
더욱 더 소중한 시간이다.

오늘은 반사회적 경향성에 대해서다.
사랑이 싹트기 위해서는
자기주장을 펼 수 있도록
분위기를 만들어 주어야 한다.
집에서
편안하게 자유롭게 해 주어야
공격을 한다.
공격을 하지 않다가
한 번 하게 되면 거칠게 나온다.

공격도 써보아야 양심이 생긴다.
성숙하고 자신감 있는 사람이
문제의식을 느낀다.
우리 아이가 문제를 일으키면
'감사합니다.' 하고 감사의 기도를 해야 한다.

아이는 결과이며 열매다.

문제 아이는 없고
문제 부모는 있다.

반사회적 경향성으로는
침대에 오줌 싸기부터
도벽,
거짓말,
공격,
성도착증 등이 있다.
도벽의 밑바탕에는
엄마 찾기가 깔려있다.
당당한 아이로 키우려면
엄마와 진실을 소통해야 한다.
매를 많이 맞으면
어른이 되어 몸의 불안이 생겨 조루증이 생긴다.

문득, 작년 5월 생각이 난다.
아들이 토요일에 집에 오자마자
심각한 얼굴로 무릎을 갑자기 꿇더니
"잘못했어요." 하면서 울음을 터뜨렸다.
난 너무나 당황해서 무슨 일이냐고 물으니
"담배 피우다 걸렸어요." 하는 게 아닌가?
이게 무슨 날벼락 같은 소리인가?
작년에는 반항을 하는 시기도 아니고
열심히 공부만 하는 줄 알았는데….
중간고사 때도 전교 5등을 해서
너무나 착실한 아이로 생각했던 시기다.
무슨 말을 해야 할지 멍하게 있었다.
갑자기 눈물이 났다.
나도 이런 일을 겪어야 하나 싶다.
이렇게 해맑고 예쁜 내 아들이
이런 일을 벌이다니….

토요일이라 주말을 정말 우울하게 보내고
월요일 학교에 가서
무조건 죄송하다고 머리 숙여 말하고 왔다.
너무 속상해서 선생님 앞에서 눈물이 나왔다.
다음에 한번만 더 이런 일이 있으면
전학조치를 하겠다고 하신다.

힘이 좌~~악 빠진다.
갑자기 허무하다.
내 아이만은 절대로….
그럴 리가 없다고….
그때부터 모든 일이
내 아이에게도 일어날 수 있음을 느끼고
늘 주의 깊게 살피는 습관이 생겼다.

아이한테 아버지의 이름을 주는 것은
엄마의 몫이다

2008년 6월 12일 (목)

엄마가 공격성을 써보지 못했을 경우엔
아이의 공격성을 원천봉쇄하거나
끌려 다닌다.
나도 어릴 때 공격성을 써보지 못한 것 같다.
친정 엄마는 늘 우리가 순해서
예뻤다고 하신다.
위, 아래로 치이는 둘째라
눈치껏 엄마의 사랑을 받으려고 순응만 했다.
그래서인지
아들이 어렸을 때 보이는
공격성을 내가 원천 봉쇄했던 거 같다.

지금은 끌려 다닌다고 볼 수 있다.
어떻게 대처해야 할지
사실 나도 모르겠다.
엄마 인생의 십자가를
아이에게 지워준다고 한다.

봉사,
자선만큼
좋은 교육은 없다.

그나마 나의 봉사활동을 아이에게 보여준 게 다행이다.
내 아이는 누군가 돌보아 주겠지 믿고
다른 아이들을 돌보는 봉사를 몇 년간 했다.
아들은 엄마의 봉사를 보며
때론 뿌듯해하기도 하고
때론 불편해하기도 했다.
지금은 아이에게만 집중한다.
가끔 이게 잘하는 것인가 생각이 들기도 한다.
또, 나의 문제는
아이와 아빠의 중간자적 역할을 잘해야 하는데
지금까지는 나만 잘났다고 생각한 거다.
늘 아빠는 나쁜 사람이고
엄마는 희생하는 사람인 듯
비춰지게 한다.

아이한테 아버지의 이름을 주는 것은 엄마의 몫이다.

부부싸움을 하면
아이가 공격성을 못 쓰게 되어

순응한다.

이 부분도 참 마음이 아프다.

이제부터라도 잘 해야 할 텐데

이것마저 마음대로 되지 않는다.

부부가 한 팀이 되어야

아이를 건강하게 키운다.

한 명은 신뢰하고

한 명이 관리해야 한다.

지금은 내가 혼자 북 치고 장구 치고 한다.

그래서 늘 화도 나고

속상하고

밉기도 하다.

이 마음을 사랑으로 바꾸어 달라고 기도해야겠다.

아들을 위해서라도 남편을 사랑할 수 있도록….

난 엄마니까...

2008년 6월 13일 (금)

시험이 다가와서인지
아들이 더 피곤해하는 것 같다.
한숨 자야겠다고 눕더니 일어나질 못한다.
약속이 있는 나는 마음이 조급해진다.
문자를 보내고 마음 비우고
느긋하게 기다렸다.
내 약속을 위해서
아들을 깨울 수는 없다.
3시간을 푹 자고 일어났다.
학원에 데려다주고
약속장소로 갔다.
엄마들끼리 맥주 한 잔 하자는 거다.
골뱅이 무침에 맥주 한 잔을 마시니
기분이 좋아진다.
나도 스트레스가 많았나 보다.
'아이도 이런 쉬는 시간이 필요할 텐데.'
하는 생각에

내가 아이의 자유를 많이 뺏는 거 같아

미안한 마음이 든다.

하교도 제 시간에 해야 하고

인터넷도 엄마 눈치 보며 하고,

잠도 자고 싶을 때 못 잔다.

거꾸로 생각하니 엄마가 나에게 이렇게 다 간섭을 했다면

참 힘들 거란 생각이 든다.

하지만 아들이 집에 오면 이런 생각을 했던 것도 잊어버리고

다시 스케줄을 관리하겠지??

난 엄마니까…

아이의 스트레스 푸는 방법

2008년 6월 14일 (토)

실컷 자고 인터넷도 충분히 해서인지
학원에 가서 공부 좀 하겠다고 한다.
물론 내일 시험 때문이다.
학원에 데려다 주고
집에 와서 쉬면서도 전화기를 끼고 있다.
언제 데리러 오라고 문자를 할지 몰라서….
7시 30분까지 오란다.
마음은 '벌써?'이지만
문자는 'ok' 하고 재빨리 나갔다.
내일 시험을 위해서 집에서 푹 쉬면서 놀라고
학원 선생님께서 말씀하셨단다.
학원 선생님 말씀 중 이런 건 참 잘 듣는다.
목욕물 좀 받아 놓으란다.
'아… 예!'

다음날 시험이 있는 날은 엄마는 시종이 된 듯하다.
이렇게 아이는 스트레스를 푸는 것일 수도 있다.

민사고 수학경시

2008년 6월 15일 (일)

드디어 민사수경일이다.
11시 20분까지 학원에 데려다 주면 되어
10시쯤 깨웠다.
시험 보러 가는 아들은 시험 후 놀러갈 생각에
이것저것 옷을 꺼내 입어본다.
시험 보러가는 아이의 맘을
편히 해 주어야 한다는 생각에
긴장감을 갖지 않은 아들이
오히려 다행이라 여기며 호응해 준다.
스타일이 좋은지, 머리가 예쁜지 체크해 주었다.
학원에 내려주고 성당에 갔다.
내가 왜 이렇게 긴장이 되는지
오늘따라 기도도 절실해진다.
집에 오니 친구 엄마가
우리 아들도 시험장에 잘 들어갔으니 걱정 말라 하신다.
아들 친구 엄마들은 차가 막힐까 봐 전철 타고
시험장으로 가셨단다.

아들은 절대로 오지 말라고 해서

가지 못하고 집에서 애만 태운다.

열심히 안 하던 묵주기도도 해본다.

아들이 시험 보는데 편히 쉬는 것은 아닌 거 같아

함께하는 마음으로 기도한다.

벌써부터 이러면 안 되는데 큰일이다.

4시 30분쯤 시험이 끝났다고 아들의 문자가 왔다.

좀 놀다 온다고….

시험은 잘 봤는지 어려웠는지

너무 궁금하지만 이미 끝난 거니

잘 놀다 오라고만 한다.

9시가 되어도 아들은 오지 않는다.

문자를 어디냐고 보내니

'좀만 있다 가요.' 라고 짧게 답이 왔다.

10시가 되어 도저히 참을 수가 없어 전화하니

이제 출발한단다.

10시 30분이 되어 눈이 충혈되어 들어온다.

"수고했어요, 아들~" 하고

목욕물을 받아준다.

시험에 대해서는 묻지 않는다.

또, 인터넷을 보더니 12시가 되어 잠자리에 든다.

침대 머리맡에 가서 재미있는 이야기 있나 더듬으며

기분 좋게 잠들도록 잠시 얘기를 나눈 뒤 안방으로 왔다.

미리 판단하지 말자

2008년 6월 16일 (월)

학교 갔다 와서 인터넷을 하더니
학원에 갈 시간인데 좀 쉬어야겠다고 한다.
오늘은 학원에 안 간단다.
가도 공부도 하지 않을 거라면서 한숨 잔다고 한다.
오늘도 끝났구나….
8시쯤 일어나서 작은방으로 가서 컴퓨터를 켜고
방문을 닫고….
"아이고, 머리야!!!"
마음을 추스르고 간식을 들고
조심스레 컴퓨터 방에 들어가니
어제 본 민사수경 결과를 확인하고 있다.
헉….
아들한테 갑자기 미안하다.
먼저 앞질러서 판단해서
혼자 머리 아프고 했다.
아들은 학원에 전화해서
배점을 여쭈어 보라고 한다.

직접 바꾸어 주니

기분 좋게 얘기를 나눈다.

선생님이 푹 쉬라고 하셨단다.

그렇게 쉬라고 할 선생님이 아닌데….

민사수경 채점 결과가 궁금해서 슬쩍 물어보니

아들이 기분이 좋은지 설명해준다.

가채점결과 113점이라고 한다.

학원에서 100점 이상이 별로 없는 듯하다면서….

이제는 어깨를 조금 펴는 듯하다.

확인 전까지 아들도

내심 불안했나 보다.

그런 줄도 모르고

어제 시험 끝난 아들에게

오늘부터 열심히 하길 바랐다.

다른 아이들은 다시 다른 과외를 묶어

오늘부터 시작한다기에

나도 내심 불안했다.

자꾸 다른 아이들과 비교가 되니

나만 힘들다.

컴퓨터가 너무 하고 싶은 아이

2008년 6월 17일 (화)

학교 갔다 와서 오늘은 영어 과외라

공부를 좀 하려나 했더니

컴퓨터 방으로 직행한다.

선생님이 오시자 화장실로 급히 들어간다.

순간 아들도 당황했나 보다.

공부하는 시간에 난 안방으로 들어가

신문을 보다가 잠이 들었다.

이럴 때 짬짬이 나도 좀 자둬야 한다.

이번 주 일요일에 토플 시험 신청을 해 놓았는데

아들은 영어 과외가 끝나자 다시 컴퓨터 방으로 들어간다.

난 십자가를 보며 내 마음을 들여다본다.

하루 종일 공부하고 와서 과외하고 휴식을 갖는데

그것도 못 봐주는 이 엄마가 너무한 거지??

밥을 차려주니 목이 아프단다.

감기 기운이 있나 보다. 큰일 났다 싶어 얼른 자라고 했다.

하지만 컴퓨터 방으로 들어가

12시가 다 되도록 있는다.

힘을 빼자

2008년 6월 18일 (수)

아침에 일어나니
아들의 얼굴이 부어 있다.
정말 감기가 왔나 보다.
시험이 얼마 안 남아
나는 학교에 가서
양호실에 가서 좀 쉬라고 했다.
말을 해 놓고 생각해보니
나도 몸이 아프면 집이 제일 편하지 싶어
집에서 쉬었다 가라고 했다.
담임선생님께 문자를 보내고
푹 자게 두었다.
남편도 어제 늦게 들어와
출근을 못 하고 있다.
내가 집에 있어도
별 뾰족한 수가 없을 것 같아 교육을 갔다.
미사를 보며 마음이 너무 아파
갑자기 눈물이 핑 돈다.

남편은 나에게 아이를 다 맡겨 두고
자기가 하고 싶은 일을 하면서
날마다 늦게 들어오는 게 너무 속상하다.
마음을 추스르고 추슬러도
내 인내심에 한계가 올 때가 너무 많다.
눈물을 훔치고 있는데
늘 아들과 함께 오는 엄마가 눈에 들어온다.
혼자서는 아무것도 할 수 없는
다 큰 아들을 늘 데리고 오는 엄마를 보며
난 또 반성하게 된다.
평생 저 아이를 보듬고 살아가야 할
엄마의 평온한 얼굴을 보며
내 작은 십자가를 탓한
나의 어리석음을 되돌아보게 된다.
오늘은 비가 와서인지 미사 후
뜰을 거니는 사람들이 적다.
묵상을 한참 하고 나니 마음이 한결 가볍다.
그래서인지 강의가 잘 들어온다.

오늘의 강의 주제는
힘을 **빼란다.**
힘 있는 사람은 아무도 도와주지 않는단다.
좀 전에 미사를 같이 본 모자 생각이 난다.

제2장

아들과의
요모조모

01
선택과 집중

아들이 초등학교 2학년 때
같은 반 아이 엄마가 집으로 찾아왔다.
이유인즉, 담임선생님께 우리 반에서
가장 똑똑한 아이가 누구냐고 여쭈니
우리 아들을 꼽으며
그 엄마한테 찾아가 보라고 했단다.
친구 엄마는 수첩까지 들고 와서
비장하게 학원을 어디어디 보내냐고 묻는다.
예체능부터 중요과목까지 모두 얘기해 달라고 한다.

난 하나하나 말해 주었다.

① 미술학원
미술은 우리 아이를 화가로 키울 거는 아니니
주 5회 가는 학원이지만
우리 아이는 주 2~3회만 보낸다.
또한 그림을 강제적으로
그리도록 하지 말아달라고 부탁한다.
스케치만 하는 날도 있을 수 있고

색칠까지 할 수도 있으니

모든 그림을 색칠까지 칠하라고

강요하지 말아 달라고 말씀드린다.

아이가 그림을 즐겁게 그리다가

집에 갈 수 있도록 해 달라고 한다.

물론 수강료는 주 5회분 내는 제도만 있으니 모두 낸다.

내 편의에 의해 덜 보낸다고

학원에 피해 주어서는 안 된다.

② 피아노학원

피아노도 마찬가지로

주 5회 가는 학원이지만 주 2~3회만 보낸다.

아이가 즐겁게 건반을 두드리다가

올 수 있으면 된다고 한다.

체르니니 바이엘이니 그런 거에

연연해하면서 다른 아이와 비교하지 말아 달라고 한다.

③ 수학학원

수학은 같은 유형의 문제를

반복적으로 풀도록 하지 않는다.

이해를 하면 모든 문제를 다 풀도록

강요하지 않는다.

물론 수학학원은 내가 운영하는 학원이니

내가 원하는 대로 할 수 있다.

또한, 숙제를 집으로 가지고 오지 않는 것도 있다.

학원에서 모두 이해를 하면

집에서 숙제를 하지 않아도 된다.

시험을 본 후 모르는 것에 대해서는

다시 설명하면 되니까.

④ 영어 학원

영어는 즐겁게

말이 트이도록 노력해 달라고 했다.

내성적인 아이라 영어로 말하는 것을

부끄러워하는 부분이 있다.

⑤ 글쓰기

글쓰기는 즐겁게 놀다가 오면 된다.

즐거우면 집에 와서 책을 읽는다.

그 시간에 발표하고 싶어서 더더욱.

⑥ 태권도

남자아이지만 태권도는 보내지 않는다.

태권도를 보내니

이것만은 보내지 말아달라고

부탁을 해서 보내지 않는다.

왜 안 가고 싶어 하는지 궁금해서
3일째 되던 날 학원에 살짝 가서 보니
단체로 달리기를 시합처럼 시키고
단체로 줄넘기를 시키고 난 뒤
태권도를 시작하는 거 같다.
아마 단체로 똑같이 시키는 게
우리 아이에겐 맞지 않는 듯하다.

⑦ 그 외
주말에 백화점 문화센터에 가서
과학실험을 한다.
물론 이것도 아이가 원해서이다.
처음엔 재미있어할지 모르니
같이 가서 들어보고 결정하라고 한다.

⑧ 그리고 제일 중요한 건
아이가 쉬고 싶어 하는 날엔 모두 쉬고
그 대신 엄마와 함께
다른 놀이를 하거나 놀러 간다.
엄마도 설거지가 하기 싫으면 미뤘다가
내일 하듯이
아이도 때론 그런 날도 있다는 거다.

02
기분 좋게 잠을 재워라

내가 아이한테 가장 잘한 일은
잠을 재울 때 기분 좋게 해 주는 거다.
잠자리에 들 때는 꼭 재미있는 얘기를
짧은 거라도 한 가지씩 해 주거나
노래를 해서 기분을 풀어준다.
낮에는 혼내도 1~2시간이면 풀 수가 있지만
밤에 혼나거나 기분이 안 좋은 상태로
잠자리에 들면
수면시간 동안 계속 기분이 안 좋기 때문에
부정적인 생각이 차츰 든다고 한다.
기분이 안 좋은 상태로
자주 재우면
성격 형성에 영향이 갈 수밖에 없다.
중학생이 되니
자기 전엔 자기 방에 들어오는 것도
좋아하지 않는 거 같아
청담동 성당에서
입시생들을 위한 발 마사지 교육을 받아서
밤마다 30분 동안 발 마사지를 해 주었다.

낮 동안 쌓인 스트레스가
엄마의 마사지로 조금이나마 풀리니
기분이 차츰 좋아지는 거 같다.
학원에서 끝나 픽업해서 집으로 오는
15~20분 정도는 한마디도 하지 않던 아들이지만
발 마사지를 시작한 지 15분이 지나면
차츰 학교에서 또는 학원에서 있었던 일을
얘기하기 시작한다.
엄마가 본인의 발밑에서
발을 주무르는 모습을
지그시 실눈을 뜨고 보니
마음이 조금 열리는지
엄마가 좋아하는
말 걸어주기를
해 주는 듯하다.
그 중에 본인이 시험을 잘 본 거라든지
수업 중 칭찬받은 얘기를
주로 해 준다.

픽업 할 때는 팔짱도 못 끼게 하던 아들이지만
마사지 후 볼에 뽀뽀를 하면서
'굿 나잇 아들' 해도
가만히 있는다.

03
사랑의 표현

초등학교에 들어가면
알림장에 싸인을 해서 보낸다.
초2 선생님께서 반에서 가장 똑똑한 아이를
우리 아들로 꼽은 거는
정말 아이가 똑똑해서는 아닐 것이다.
초등학교 2학년이 똑똑하면
얼마나 똑똑하겠는가?

꼼꼼한 담임선생님이 발견한 거는
알림장일 것이다.
알림장에 싸인을 해 주는 것에
한 가지 더 한 줄 멘트를 적은 것이다.
'우리 왕자님, 오늘 하늘이 넘 파래요.
하늘 한번 쳐다봐요.'
이런 식으로 매일 다른 멘트를 적는다.

물론 공부에 대한 멘트는
가급적 적지 않는다.
일기에도 틀린 글자와

띄어쓰기 등 체크한 뒤

같은 방법으로 멘트를 적는다.

게임에 대한 일기엔

'오늘은 아들이 좋아하는 게임을 했군요.

넘 재미있었겠어요. 담엔 엄마도 알려줘요.'

이런 식으로 적는다.

멘트를 적으면 세 가지 효과가 있다.

① 담임선생님이 읽으시면

엄마가 사랑으로 키우는 게 보이므로

아이를 존중해준다.

② 친구들도 아이의 알림장을 보면서

부러워하기도 하고

같이 웃기도 하면서 친해진다.

③ 이 쪽지로 아이는 엄마의 사랑을 매일 매일 느낀다.

이 멘트를 9년 동안 했다.

매일 1분만 하면 된다.

초등학교 6년은 알림장에 했고

물론, 일기를 쓸 때는 일기에도 같이 했다.

중학교 3년은 포스트잇에 적어서

필통에 넣어주었다.

하루에 한 번 이상은 필통을 열어 보니

학교에 있는 동안에 메모는 볼 것이다.

엄마랑 다소 안 좋게 등교를 해도

메모를 보는 순간 마음이 좀 녹는 거 같다.

이 작업은 매우 쉽고

시간도 안 들이고

엄마의 사랑을 전할 수 있는

최고의 방법이다.

하지만 매일 꾸준히 하기가 쉽지 않은 모양이다.

많은 엄마들에게 말했지만 실천을 못 했다고 한다.

꼭 실천해서 효과를 보길 권한다.

04
아이가 사랑받고 있다고 생각하는지가 중요하다

매일 한 번씩 안아주기를 교육받고 난 후

등굣길에 살며시 안으려고 하면

잠시 멈칫하는 아들을 보며

'아직도 내 사랑이 부족하구나!' 라는

생각이 들었다.

엄마는 사랑한다고 말도 하고

표현도 했다고 생각하는데

아들이 엄마에게서 사랑받는다고 느끼는 게 중요하다.

그 사랑을 느끼는 순간

엄마가 좋아하는 일을 하면서

그 사랑에 대한 보답을 한다고 한다.

아이와 엄마의 관계가 안 좋은 아이는

공부를 열심히 하지 않는다고 한다.

왜냐하면 엄마가 나를 사랑하지 않는다고 느낄 때는

엄마가 좋아하는 일인 공부 잘하는 것을

굳이 할 필요가 없다고 생각하기 때문이다.

사랑을 느끼는 아이는 안을 때

몸이 부드러운데

사랑을 느끼지 못하는 아이는

뻣뻣하고 어색하다.

아기 때는 폭 안기더니

사춘기가 되더니 점점 엉거주춤 안기는

아들을 발견할 때마다

나까지 어색함을 느낀다.

아이가 크는 만큼

사랑의 크기도 커져야 함을 발견한다.

말은 거짓말을 해도 몸은 거짓말을 못 한다는

말이 새삼 떠오른다.

05
자연을 보게 하라

아이랑 유치원에 가는 길이나 함께 걸을 경우엔
늘 자연을 유심히 보도록 했다.
봄이 되면 파릇파릇 새싹이 나오는 모습을
신기한 듯 엄마가 보니 아이도 본다.
개나리가 나오기 전에
먼저 연두색 잎이 나온 다음
노오란 꽃이 나오는 과정을
매일 매일 유치원 가는 길에
감탄하면서 보니
커서도 자연을 느끼는 아이가 되는 거 같다.
또, 하늘을 자주 올려다보면서
파란하늘과 별이 있는 하늘,
구름이 움직이는 하늘 등
자연은 우리가 보지 않아도
보고 있어도 늘 움직이는
신비한 광경을 보게 한다.

자연을 보면서 감동하는 아이는
마음이 맑아짐을 느낀다.

06
단둘이 여행을 떠나라

아들이 6살 때 단둘이 차를 끌고

강원도에서 경주까지 바다를 보며

일주일 동안

목적 없이

계획 없이

여행을 한 적 있다.

쉬고 싶으면 쉬고

먹고 싶으면 먹는

자유 여행을 다니면서

아이의 성격을 자세히 알게 되었다.

참 얌전하고 내성적인 아들인 줄 알았는데

자유로운 영혼을 지닌 아이였다.

내 아이지만 잘 모르고 키우는 부모가 너무 많다.

아이와 단둘이 여행을 간다면

집에서 단둘이 있는 모습 외에

다른 모습을 발견할 것이다.

아이들을 지도하면서 가장 답답했을 때가

모두가 아는 사실을

부모만 모르고 있을 때다.

더 답답한 건 사실을 말해 주어도
우리 아이만은 그럴 리가 없다고 믿는 부모님이다.
내 아이를 정확하게 파악해야만
정확한 안내자가 될 수 있다.

오래전에 중2인 남학생이
담배를 피우는 거 같아
어머님에게 면담을 요청해
그 사실을 말씀드리니
자기 아이를 나쁘게 매도한다고
화를 내시던 어머님이 기억난다.
그 어머니는 결국
학원을 그만두게 하였다.
그 후 그 아이는 창문 밖을 보는 나에게
비비탄을 쏜 적이 있었다.
자기 엄마에게 담배를 피운다는 사실을 알렸다고
나에게 화를 표현한 거 같다.
학원을 경영할 땐
자식에 대해서는 부모가 가장 많이,
사실대로 알고 있어야 된다는 생각에
학부모들과 많이 만났다.
하지만 받아들이는 방법은 다 달랐다.

07
"왜?" 란 단어를 사용하지 말자

"왜"란 단어를

평상시에 얼마나 쓰는지

의식하여 헤아려 본다면 깜짝 놀랄 것이다.

특히 아이에게 더 많이 사용할 것이다.

왜 늦게 왔니?

왜 숙제 안 하니?

왜 잠 안 자니?

왜 옷을 그렇게 입니?

왜 밥 안 먹니? 등등

위 글을 자세히 보면 부정적인 내용이다.

우리가 왜 라는 단어를 사용할 때는

부정적인 감정을 같이 넣어서 사용할 때가 많다.

왜 공부 잘하니? 라고 하진 않는다.

아이에게 왜라는 단어를 사용하는 만큼

부정적인 아이로 키우는 거다.

아이는 '왜라는 질문을 할 것이다.'라는

생각을 하면서

대답을 미리 준비한다고 한다.

우리 아들이 중2 때 성적표를 가지고 왔는데

'물론 가방에서 꺼내지도 않은 것을
내가 꺼내 보는데 아들은 소파에서 엄마의 행동을
모두 의식하면서도 못 본 척하는 거 같다.'
성적표를 보는 순간 너무나 내려간 성적에
깜짝 놀랐다.
하지만 그날 '왜'라는 단어 대신
'어떻게'라는 단어를 써야 한다고
교육받은 당일이라 잊어버리지 않고
놀라지 않은 척
"어떻게 이렇게 되었지요?"라고 하니
아들은 찡그렸던 얼굴을 피면서
엄마를 쳐다보며
"죄송해요. 다음엔 잘 할게요!"
라고 말하지 않는가?
나는 너무 놀라
"알았어."
하곤 바로 맛있는 저녁을 차려 주었다.
만약 '왜 성적이 이렇지?'라고 했다면
순간 화를 내며 자기 방으로 들어갔을 거다.

이렇게 단어 하나에 달라지는
아이의 태도를 보며
엄마의 말 한마디가 얼마나 중요한지 깨달았다.

08
혼자 할 수 있는 일을 혼자 하게 해라

결혼하고 난 뒤 일하면서 아이를 키우기란
정말 힘들다는 걸 알았다.
그래서 난 아이를 한 명만 낳으려고 마음먹었다.
그래서 아들을 키우면서
아주 독립적으로
씩씩하게 키우려고 노력했다.
사랑도 때론 절제할 필요가 있다.
아이의 나이에 맞게 할 수 있는 일은
그것을 혼자 하도록 해야 한다.

아들이 5살 때부터
미용실에 혼자 보냈다.
물론 남편은 매우 위험해서
말도 안 된다고 난리였다.
하지만, 아파트 상가 안에 있는 미용실이었다.
아들이 집을 나서면
미용실에 몰래 전화를 해 놓았다.
아들이 원하는 스타일을 말하면
그때 그렇게 잘라 달라고 부탁도 했다.

단골이라 가능했을지도 모른다.

아들에겐 미용 값까지 미리 계산하여

만 원짜리 하나를 들고 육천 원 계산하면

천 원짜리 4개를 받아와야 한다고 교육시킨 후 보냈다.

아들은 도착 후 들어가면서

인사도 잘하고

또박또박 본인이 원하는 스타일의 머리를

설명했다고 한다.

돈까지 정확하게 계산하고

천 원짜리 4장을 주머니에 넣고

집으로 출발했다고 미용실 사장님께서

나중에 말씀해 주셨다.

집으로 돌아와서는 혼자 했다는 뿌듯함에

아들의 얼굴은 상기되어 있었고

발걸음도 힘찼다.

난 현관에 서서 들어오는 아들을

장하다고 크게 칭찬해 주었다.

09
공중도덕을 가르쳐라

사람들이 많이 모이는 곳에서는
다른 사람에게 피해가 가는 행동은
절대로 용납을 안 했다.
외식을 갈 땐 미리 교육을 시킨 후 다짐을 받고 갔다.
유치원에서 소란 피워서 선생님께 혼나면
집에 와서는 나한테 더 세게 혼났다.
5살 때 백화점 엘리베이터 안에서
같은 또래 아이가 떼 쓰는 모습을 보더니
우리 아들이
"엘리베이터 안에서 저렇게 크게 울면 안 되지요?" 해서
그 우는 아이 엄마에게 좀 민망했던 기억이 있다.
아이가 대학생이 되더니
식당에서 어떤 모습을 보았는지
자기는 자기자식을 엄하게 키울 거라고 했다.
내가 너를 엄하게 키워 스트레스 안 받았냐고 하니
어릴 때는 그게 더 좋은 거 같다고 한다.

어릴 때 기본적인 교육을 다 받아야지
커서는 본인 마음대로 하기 때문에 안 된단다.

10
단호할 땐 단호해라

늘 예쁘기만 할 것 같은 아이들도

식탐을 부릴 때는 안 예쁘다.

아들이 5살 때 아파서

방지거 병원에 간 적이 있다.

오후 4시쯤이니 배가 고플 시간이다.

옆 남자아이가 새우깡을 아작아작

소리를 내며 먹고 있었다.

아들은 그 아이를 계속 쳐다보며

입맛을 다시고 있었다.

난 아들이 어찌 하는지

살며시 쳐다보았다.

그 아이가 먹다 한 개가 땅바닥에 떨어졌다.

아들은 고개는 들고(줍는 것이 자존심이 상했는지)

슬며시 앉아서

떨어진 새우깡을 집어 들었다.

난 아들의 손을 잡고 화장실로 갔다.

매가 없어 빗자루를 들고

아들에게 "먹고 싶으면 그 과자를 외워두었다가

밖에 나가서 엄마한테 사 달라고 하면 되는데

왜 계속 쳐다보냐?

그리고 흘린 것을 주워서 먹으려고 했냐?"

하면서 크게 혼을 냈다.

그 이후 1년 반이 흐른 어느 날

에버랜드에 갔다가 집에 오는 길에

호랑이차를 타고 주차장으로 가는데

(오후 다섯 시쯤 되니 모두들 힘이 없이 피곤한 상태였다.)

앞에 맛동산을 들고 있는 50대 아주머니가 서 계셨다.

아들은 그 과자를 유심히 보더니

나에게

"어머니, 집에 가서 맛동산 사 주세요."

하는 게 아닌가?

교육의 효과에 난 놀랬다.

정확하게 1년 반이나 되었는데

알려준 그대로 말하는 게 아닌가?

부모의 주관대로 안 되는 건

정확하게 알려 주는 게 중요하다.

그 이후로 아들은 식탐은 부리지 않는다.

11
혼자 못할 거라는 생각은 하지 마라

아들이 5살 때

치과에 갈 땐 아파트 단지 안이라 혼자 보냈다.

물론 아이는 치과라는 곳이

무섭기 때문에 엄마와 동행하길 원했다.

하지만 아이는 혼자 가면

울지 않고

의젓하게 진료를 끝내고 오지만

엄마가 따라가면 진료 전부터 울먹울먹거린다.

혼자 진료를 하고 오는 날이면

큰일을 하고 온 것처럼

자신을 뿌듯하게 생각한다.

아들이 혼자 가면서

두려움을 이겨 낼 것이며

돌아오면서는 뿌듯함에

자신을 자랑스러워할 것이다.

12
새로운 경험을 하게 하라

초등학교 5학년 때
아들의 1살 위인
사촌 누나와 영화관에 가서
표를 예매한 적이 있었다.
지하철을 타고 가는 거라
핸드폰을 줘서 보냈다.
대구에 사는 사촌 누나라
지하철을 처음 타 보기는 아들과 같았다.
지하철 타는 방법과
안내문 읽는 방법을 상세히 설명하고 보냈다.
본인들이 보고 싶은 영화표를 예매해 오면
보게 해 준다고 하니
둘이 의기투합해서 갔다.
둘이 영화관에 도착했을 때
애 아빠로부터 전화가 와서
둘이만 영화관에 간 걸 알게 되어
무슨 큰일이나 난 거 마냥
바로 집으로 가라고 했다고
아들한테서 어떻게 하냐고 전화가 왔다.

난 표를 끊고 오라고 했다.
둘이 2시간이라는 긴 시간 동안
표를 끊고 돌아왔을 때의
그 표정은 지금도 잊을 수가 없다.
자기들이 해냈다는 그 뿌듯한 얼굴을.
상기되어 있는 얼굴과
들떠있는 목소리로
표를 당당하게 내 책상 위에 올려놓는 모습에
내가 오히려 당황스러울 정도였다.

어른에게는 아무것도 아닌 것이지만
아이들에겐 큰 경험인 걸 새삼 깨달았다.
그 경험은 몇 달이 지났는데도
누나와 나눌 수 있는 추억담이 되었다.

13
수학공부는 이렇게 했다

수학을 예습시킬 땐

1학기와 2학기를 구분해서 시켰다.

1학기는 수 개념이고

2학기는 도형 개념이기 때문에

3학년 1학기를 시작할 땐

3학년 1학기와 4학년 1학기를 같이 예습시켰다.

물론 3학년 2학기 올라갈 때도

3학년 2학기와 4학년 2학기를 같이 예습시켰다.

많은 부모님들이 한 학년을 예습시키는데

난 같은 개념끼리 묶어서 예습시켰다.

3학년 1학기 응용문제는

4학년 1학기 개념을 이해하면

훨씬 쉽게 풀기 때문에

항상 한 학년 위를 같이 예습시켰다.

그리고 단순 문제는 반복적으로 풀게 하지 않았다.

1+2=3을 설명하고

3+3=6을 알면

다른 덧셈은 풀게 하지 않았다.

그다음 뺄셈으로 넘어갔다.
단순 문제를 많이 풀면
아이도 지겨워하기에
그 시간에 글로 된
응용문제를 풀도록 했다.
그래서 아들의 문제집은
풀지 않은 문제가 더 많았다.
책을 정리할 때 새 책인가 할 정도인 것도 있었다.

도형 문제는 시간이 걸리더라도
직접 그려보거나
블록을 이용해서
공간개념을 터득하도록 했다.
도형은 점점 복잡해지기 때문에
처음 나올 때부터 기초를 익히지 않으면
손을 놓기 때문이다.

14
그림은 마음의 표현이다

제일 먼저 과외를 한 것은 미술이다.
그림만 그리는 미술은 아니고
만들기부터 찰흙놀이 등
미술에 나오는 모든 분야를 하는 거였다.
아들이 4살 반이 되었을 때
일주일에 1번 미술과외를 했는데
이건 심리미술을 하는 선배의 조언 때문이었다.
아이들이 완벽한 언어구사를 하지 못해
미술로 자기의 마음을 표현하기 때문에
매우 중요하다고 했다.
효과는 참 좋았다.
매주 토요일 오전에 과외가 있음에도
아침 일찍 눈을 뜨고 선생님을 기다렸다.
미술수업이 끝나면 즐거운 얼굴로 방에서 나오곤 했다.
일하는 엄마와 함께 지낼 수 있는
주말에 과외를 하는데도
반감 없이 하는 거 보면서
평일 동안 쌓여있던 나름대로의 스트레스를
미술을 통해 표출하는 것 같다.

15
게임을 하면서 즐겁게 단어를 터득하도록 한다

아들이 어릴 땐
주말마다 많이 다녔다.
차 안에서 지내는 시간이 많아짐에 따라
차에서 할 수 있는 놀이를 셋이서 했다.
끝말잇기가 대표적 놀이다.
아이가 새로운 단어가 나오면
단어의 뜻을 물어보면서 하기 때문에
책을 읽으면서도 끝말잇기 때
나왔던 단어가 많아 쉽게 이해를 하는 거 같다.

다른 게임은 나라이름과 수도이름 말하기였다.
평일에 나라이름과 수도이름을
열심히 외웠던 것은
주말에 게임을 하면서
지고 싶지 않았기 때문일 것이다.

16
적성검사를 해 보라

중3 때 적성검사를 하였다.

내가 보기엔 무난하지만

혹 나도 모르는 스트레스가 있는지 알기 위해서였다.

고등입시 때문에 시간이 많이 부족했지만

입시보다 더 중요하단 생각이 들었다.

기숙사 학교에 들어가서

힘들어하지는 않을까

염려도 되었기 때문이다.

종합 검사라 지능검사부터

성격, 장래 적성까지 나오는 검사다.

종합 검사 후

개인상담도 10번 정도 받았다.

결과가 특별히 이상이 있는 것은 아니었지만

대부분의 사춘기 남자아이는

부모님께 마음을 모두 털어 놓지는 않기 때문이다.

부모님은 내 아들을 다 안다고 생각하겠지만,

아이는 내가 모르는 것들은 부모한테 다 말 못 하고

친구에게도 못하는 상황일 수 있을 거라는 생각이 든다.

상담을 주 1회 1시간씩 받는데

아이가 너무 재미있어 해서 다행이었다.

엄마에게 말 못 하는 부분을 상담자에게 말하면서

스트레스를 푸는지

상담하고 나오는 날엔 표정이 환해진다.

학원 선생님은 주 1회 학원을 빠지니

걱정을 많이 하셨다.

아들은 학원은 5시간 수업인데

상담은 1시간이고 오가는 2시간을 합해도

3시간이라서 좋아하는 건 아닌 것 같다.

상담을 다녀온 후는

엄마에게 말도 부드럽게 하고

마음이 평온해진 느낌이다.

상담내용은 알 수가 없지만.

상담은 아들과 내가 의논해서 정한 거다.

17
내가 모르는 아들의 모습

중학교 1학년 때 방학은 끝나 가는데
봉사시간이 모자라서
절두산 성지에 잡초 뽑기를 하러 갔다.
아들 친구 민이랑 같이 갔는데
아들이 잡초를 손가락 두 개로 뽑고 있지 않는가?
왜 그렇게 하냐고 하니
손에 풀물이 들어 초록색으로 될까 봐 그런다고 했다.
순간 너무 당황스러웠다.
신부님과 사무장님께서 그 말을 듣더니
빙긋이 웃으시며 들어가신다.
순간 내 아들을 내가 너무 모른다는 생각을 다시 하게 되었다.
엄마가 미리 장갑을 준비했어야 한다고까지 한다.
간혹 학부모 상담을 할 때
내 아들은 부모 자신이 그 누구보다 잘 안다고
엄마들은 말한다.

내가 보는 아들의 모습이 전부가 아닌데 말이다.

18
봉사하는 엄마의 모습을 보여줘라

성당에서 교리교사를 7년 동안 하면서

내가 다른 아이들을 돌보면 우리 아이도

다른 사람이 돌보리라는 믿음을 가지게 되었다.

우리 아이는 내 아이가 아니라 잠시 나에게 맡겨진 아이다.

내 아이는 나에게만 예쁘면 되는 것이 아니다.

다른 사람도 같이 예뻐야 한다.

내가 다른 아이에게 사랑을 베풀 동안

내 아이는 다른 사람에게 많은 사랑을 받는다.

내가 내 아이를 100% 사랑해 줄 수 없기 때문이다.

엄마가 앞만 보는 것이 아니라 옆도 보고

뒤돌아 볼 줄도 알아야 아이도 그렇게 자란다.

아이한테만 그렇게 하라고 하면

아이는 배운 게 없어서 절대로 그렇게 하지 못한다.

교리교사를 할 동안 나도 학원운영 하느라 많이 바빴다.

7년 동안 나의 여름휴가는 성당여름 캠프를 가느라 모두 보냈다.

평일엔 집안일에 학원에서 밤늦게 퇴근해서 피곤했지만

토요일엔 꼭 성당에 가서 교리교사를 하였다.

엄마의 봉사와 성실함을 눈으로 보고

조금이라도 마음을 열라는 교육이었다.

19
무조건 안 된다고는 하지 마라

중1 여름 방학식을 하고
집으로 온 아들은 귀를 뚫겠다고 한다.
너무 당황해서
어떻게 대처해야 할지 몰라
'잠시만!' 하고
안방으로 와서 생각했다.
'귀를 뚫으면 안 좋은 점이 뭐가 있지?'
하고 생각해 보니 딱히 안 좋은 점은 없다.
다시 거실로 나가서
코엑스에 같이 가서 귀걸이를 골라주겠다고 하고
교복을 입은 채로 나갔다.
아들이 오히려 당황한 듯하다가
기분 좋게 같이 나섰다.
엄마가 골라 달라고 살짝 애교까지.
귀걸이를 하고 난 뒤
일주일간은 소독하느라
귀를 나한테 바싹 대고
10분 정도는 대화를 나눴다.
일주일 정도 지나더니

이제는 파마를 하겠단다.

헉~~

다시 안방에 들어와 생각해 보았다.

'파마를 하면 무엇이 안 좋지?'

그것 역시 안 좋은 점은 없다.

엄마가 가는 미용실에 같이 가서 하자고 바로 나섰다.

무언가 하고 싶을 땐 바로 해야지

안 그러면 그것 때문에

낭비하는 시간이 더 많고

엄마와의 신경전도 만만치 않다.

파마를 하고 나서 일주일쯤 지났을 무렵

다시 염색을 하고 싶다고 한다.

그래 그것마저 못 하겠냐 하면서

염색약을 사다가 직접 해 주었다.

머릿결을 생각해서 트리트먼트까지 해야 한다고 하면서.

하고 싶은 것을 모두 하게 하지는 않지만

어른들의 시각으로 안 좋게 느껴서

반대하고 싶지는 않다.

남한테 해가 되는 것은 물론 절대 반대한다.

중학교 졸업식 때 담임선생님께서

'아드님이 중학교에서 가장 먼저

파마를 한 학생인거 아시죠?'

하면서 졸업장을 주셨다.

20
시험공부는 함께 하라

나도 중학교 때 시험기간이 되면

안 듣던 음악도 듣고 싶고

평소에 잘 읽지도 않던 책도

읽고 싶었던 기억이 있다.

아들도 역시나 시험기간이 되면

시험공부 하다가

갑자가 앞머리를 자르고 싶다고 하면

바로 가위를 들고 와서

조금 잘라주기도 하고

음악이 듣고 싶다고 하면

음악을 크게 틀어놓고 같이 들었다.

시험 기간만큼은 집에서 함께 있었다.

1시간 공부할 양을 40분에 하는 효과가 있다.

감독은 아니지만 약간의 긴장감을 가지고 하게 되어 있다.

물론 한 공간에서 상을 펴 놓고 같이 앉아 있는다.

특별히 더 열심히 하지는 않지만

집중력 있게 하는 건 있다.

중1 때부터 시험공부는 안방에서 상을 펴고

같이 앉아서 했다.

중학교 들어가서 처음부터 그렇게 하니
중3이 될 때까지 아들은 그게 습관이 되었다.
같이 하는 엄마도 힘들기는 마찬가지다.
졸리기도 하고
다리, 허리
안 아픈 곳이 없다.
하지만 '공부까지 하는 아이는 얼마나 힘들까'
하는 생각으로 같이 앉아 있어 주는 거다.
그로 인해 많은 효과가 있는 것은 아니다.
또, 바라지도 않는다.
다만 아이가 좀 더 집중한다.
그리고 하기 싫을 때도 있는 것을
조금은 참는 것 같다.

21
엄마의 존재란?

아이가 전화를 걸어 올 때는 늘 밝은 목소리로 받는다.

아이는 즐거울 때 전화를 하기도 하지만

무언가 위로가 필요할 때도 전화를 한다.

자랑하고 싶을 때도 전화를 하기도 한다.

그럴 때 엄마의 밝은 목소리가 아이에게

말을 할 수 있게끔 자리를 깔아 주는 것과 같다.

무엇이든 엄마는 들을 준비가 되어 있어야 한다.

엄마의 목소리가 힘이 없으면

아이는 엄마를 걱정하느라 본인 얘기를 하지 않는다.

엄마는 세상 제일 행복한 듯 아이에게 응해야 한다.

그러면 아이는 무엇이든 말하고 싶어진다.

이건 우리 아버지께서 늘 그러셨다.

내가 학원 하면서 힘들고

피곤하고 어려울 때 아버지께 전화를 하면

힘차게 "나다." 하셨다.

그 한 마디가 나에겐 큰 힘이 되었다.

시시콜콜한 내 사연을 말하지 않아도 이미 힘을 받았다.

내 아이에게도 그런 엄마가 되고 싶다.

엄마의 목소리만 들어도 힘을 받는 그런 엄마.

22
존경받는 엄마가 되라

학원 학부모 간담회 때 아들이 민사고 1학년이라
공부 방법에 대한 엄마들의 궁금한 사항을
직접 답해 주는 시간을 만들었다.
아들은 마지못해 응했지만
간담회 때는 많은 부모님의 질문을 차근차근 답해 주었다.
그중 엄마를 어떻게 생각하느냐는 질문에
아들은 엄마를 존경한다고 했다고
어떤 학부모가 나한테 부럽다고 전했다.
그냥 좋아한다거나 사랑한다거나
이런 것이 아니라 존경한다고 했단다.
나도 처음 듣는 말이라 굉장히 기분이 좋았다.
어떤 면을 존경하냐고 질문하니
성실하게, 즐겁게
변함없이 하루하루를 사시면서 자기를 재촉하지 않고
기다려 주신다고 했단다.
아이들은 부모가 기다려 주는 것도 다 알면서
자기 마음대로 안 되는 것들도 있으리라….
그런 아이를 이해하고
또, 그냥 기다려 주면 된다.

23
수업시간에 집중하게 하라

아들은 숙제를 거의 안 한다.
수업 중 모두 이해한 범위는
숙제를 안 하기로
나랑 약속했기 때문에
숙제로 인해 스트레스는 주지 않았다.
물론 학원에서는 꼭 숙제를 해 오길 바랐지만,
숙제를 안 하기 위해서
수업시간에 집중하는 것 같다.
우리가 수업만으론 부족하기 때문에
집에서 숙제로 보충하는 거지
숙제를 위한 숙제가 되어서는 안 된다.
학원에서는 자주 평가를 보기 때문에
수업 중 제대로 안 듣고 숙제도 안 하면
평가도 제대로 안 나오기 때문에
둘 중 하나는 열심히 한다.
숙제보단 수업 중 열심히 듣고 집에 와서는
본인이 하고 싶은 것을 하는 게
더 좋단 생각을 했을 거다.
엄마의 결단이 필요한 부분이다.

어릴 때부터 바이올린을 주 1회 가는데
집에서 연습을 해 오길 바란다고
선생님께서 수십 차례 강조하셨지만
난 학원에서만 열심히 하고
바이올린을 가지고 오지 말라고 했다.
본인이 바이올린을 하고 싶을 때만
가지고 오라고 했다.

24
실수는 실수로 받아 주어야 한다

집에서 뛰어놀다가
거실 바닥 모서리의
작은 화분을 발로 차게 되어
흙이 쏟아지는 일이 있었다.
아들은 어쩔 줄을 몰라 하며
"어머니 어떻게 하지요? 잘못했어요."
하면서 너무나 당황하는 걸 보고
내가 오히려 당황스러운 일이 있었다.
내가 이렇게까지 아들에게 엄했나 하는
반성이 갑자기 들었다.
"괜찮다. 이건 실수로 그랬잖니?
엄마도 발로 찰 수 있는 위치에
화분을 둔 게 실수였어."
그렇게 말했는데도
"제가 치울게요."
하면서 옆에서 쩔쩔매는 모습을 보면서
내가 오히려 많이 반성했다.
아이 실수조차 용납 못 하는
엄마로 알고 있었나 싶었다.

아이에게 충분히 그럴 수 있고
실수로 한 행동은 그렇게 용서를 빌지 않아도 된다고
설명해 주었다.
그 후로 실수를 하면
당당하게 엄마에게 말하게 되었다.
처음 실수를 했을 때
엄마의 태도가 중요함을 알았다.
누구나 실수를 할 수 있는데
그것을 어떻게 받아 들이냐에 따라
감추기도 하고 드러내기도 하는 것이다.

25
아이들에겐 좋은 말만 하라

아들이 초등학교 때 같은 아파트에 사는 성당 자매님께서
아들을 볼 때는 늘 칭찬을 아끼지 않으셨다.
그분은 그냥 만나는 것 자체가 칭찬이다.
"잘생기고, 젠틀하고, 스마트하고, 멋지고, 깔끔하고,
멋쟁이 펠릭스 안녕!"
이런 식으로 인사를 시작하신다.
그리곤 "아줌만 오늘 펠릭스를 만나서 너무 행복하고
좋은 일이 가득할 것 같다. 너무 고맙다."
하시면서 가신다.
아들은 어느 날 그 자매님이 가시고 난 뒤
"제가 저 아주머니 때문에라도 바르게 살아야겠어요.
칭찬이 너무 쑥스럽지만
잘 해야겠단 생각을 하게 해 주세요."
라고 하는 것이 아닌가!
다른 집 아이들을 만날 때 무심코
생각 없이 말하기보단 마음을 담아
얘기하는 것이 좋을 듯하다.
아이들은 어른들의 관심과
작은 말 한마디로 엄청나게 변하기 때문이다.

26
아이는 엄마의 눈으로 선생님을 본다

아들이 초등학교 3학년 때

유난히 학교에 가기 싫어하는 눈치여서

특별한 건 없는 것 같은데

그래도 신경이 쓰여서

학기 초 오픈 수업 때 참여해서 유심히 살펴보았다.

선생님은 나이 많은 여선생님이셨는데

일단 인상을 쓰고 잘 웃지도 않으시는

무뚝뚝한 선생님이셨다.

개인 상담시간에 아들에 대해서 여쭈어도

전혀 모르는 눈치였다.

학교에 가기 싫은 원인을 찾은 것 같았다.

집에 와서 아들에게

"조금 무뚝뚝하시지만 속정이 깊은 선생님 같으셔."

라고 하니

아들은 고개를 갸우뚱했다.

아들에 대해서도

"관심이 있으셔서 다 파악하고 계신다."

고 살짝 거짓말을 했다.

아들은 그럴 리가 없다는 표정이지만

기분이 나쁜 표정은 아니었다.

"아들이 참 괜찮은 아이."

라고 하셨다고 덧붙였다.

매일 학교에서 오면

학교에서 무슨 일이 있었는지 물어보면서

"담임선생님께서 그렇게 깊은 뜻이 있으셔서 그러셨구나!"

그러면서 선생님 편을 들어 주었다.

한 달 정도 지나니 아들은 엄마 말씀이 맞는 것 같다고 하면서

차츰 학교생활에 적응해 나가는 것 같았다.

아이는 엄마의 눈으로 선생님을 바라본다.

아이는 담임선생님이 좋아야 학교생활이 즐겁다.

아이 앞에서 선생님을 절대적으로 나쁘게 말하면

내 아이에게 좋지 않다.

모든 선생님은 아이를 나쁘게 이끌지 않는다.

27
특별한 관심은 큰 것이 아니다

매 새 학년이 되면 오픈 수업을 한다.

오픈 수업 때는 꼭 참석한다.

최소한 아이의 담임선생님 얼굴은 알아야

길에서 만나더라도 인사 정도는 하지 않을까?

오픈 수업이 끝나고

개인 면담시간에 꼭 부탁하는 것이 한 가지 있다.

"제 아이가 선생님 보시기에 다소 부족하겠지만

한 번만 개별적으로 접촉이 있을 때 예쁘다고

한 마디만 해 주세요." 라고 부탁한다.

선생님들은 어려운 부탁이 아니기 때문에

거의 들어주신다.

아이는 선생님의 예쁘다는

그 한마디로 학교생활을 원활하게

아니

즐겁게 한다.

딱 한 번 담임선생님이 그 말을 안 해 주신 적이 있다.

중2일 때다.

물론, 그때는 선생님이 보시기에도 예쁘지도 않았겠지.

반항하는 시기고

지각도 많이 하니까.

중2때 학교생활이 가장 엉망이다.

담임선생님에 대해서도 기억이 거의 없고

(초등학교 선생님보다)

집에 와서도 얘기를 하지 않았다.

물론 성적도 제일 나쁘다.

내가 학원을 운영할 때는

모든 아이들에게 개인적으로 예쁘다고 칭찬을 했다.

확실한 효과가 있다.

그리고 모든 아이들은 예쁘다.

때론 가끔씩 개구쟁이 일 때도 있지만

그래도 예쁘다.

아이들은 변화무쌍해서 더욱 예쁘다.

공부를 잘해서 예쁜 것이 아니라

그냥 예쁘다.

아이이기에.

그리고,

그 예쁘다고 들은 날부터

모든 아이들은 변한다.

예쁘다고 한 사람한테만은 예쁜 행동을 한다.

그 얘기를 학원 선생님들에게 늘 얘기했는데

엄마가 되어보지 않아서

많이 공감을 못 하는 선생님도 있다.

28
좋은 말은 평생 기억한다

내가 중2 때 성당 청소를 하다가
제14처 중 하나인
유리로 된 액자를 깬 적이 있었다.
난 그것을 얼마나 소중히 다뤄야 하는지 알기에
정말 기절하는 줄 알았다.
너무 당황하고 놀라 치울 엄두도 내지 못하고
멍하니 서 있는데
성당 어떤 아저씨가 달려오시더니
첫마디가 "안 다쳤니?"였다.
그러시면서
"많이 놀랐지? 내가 치울 테니
잠깐 옆에 가서 앉아있으렴."
하시는 것이 아닌가?
난 그때 너무 죄송스럽고
당황했던 기억이 있었는데
어른이 되어
학원을 운영할 때 현관문을
어떤 학생이 와장창 깬 적이 있었다.
난 달려가 나도 모르게

"안 다쳤니?" 하고 말하니
그 학생은 너무 놀란 표정으로
날 빤히 쳐다보았다.
학원장으로서 생각해서 말한 것이 아니라
순간적으로 나온 거다.
어릴 때 부모로부터 어떤 말을 듣느냐에 따라
어른이 되어서
아이들에게 어떻게 말하는지 보여주는 사례다.

한국에서 아들을 키우기란?

저　　자 박내영

1판 1쇄 발행 2020년 7월 1일

저작권자 박내영

발 행 처 하움출판사
발 행 인 문현광
편　　집 이정노
주　　소 전라북도 군산시 축동안3길 20, 2층 하움출판사
I S B N 979-11-6440-160-4

홈페이지 http://haum.kr/
이 메 일 haum1000@naver.com

좋은 책을 만들겠습니다.
하움출판사는 독자 여러분의 의견에 항상 귀 기울이고 있습니다.

이 도서의 국립중앙도서관 출판예정도서목록(CIP)은 서지정보유통지원시스템 홈페이지(http://seoji.nl.go.kr)와
국가자료종합목록 구축시스템(http://kolis-net.nl.go.kr)에서 이용하실 수 있습니다. (CIP제어번호 : CIP2020025186)